101 JOGOS
PARA MOTRICIDADE LIMITADA E ESPAÇOS REDUZIDOS

Dados Internacionais de Catalogação na Publicação (CIP)
(Câmara Brasileira do Livro, SP, Brasil)

Jurado Soto, Juan José
   101 jogos para motricidade limitada e espaços reduzidos / Juan José Jurado Soto, Manuel López de la Nieta Moreno ; tradução de Guilherme Summa. – Petrópolis, RJ : Vozes , 2016.

   Título original : 101 juegos tranquilos : para motricidad limitada y espacios reducidos

   1ª reimpressão, 2023.

   ISBN 978-85-326-5314-7

   1. Jogos infantis I. López de la Nieta Moreno, Manuel. II. Título.

16-05754   CDD-790.1922

Índices para catálogo sistemático:
1. Jogos infantis : Recreação   790.1922

Juan José Jurado
Manuel López de la Nieta

101 JOGOS
PARA MOTRICIDADE LIMITADA E ESPAÇOS REDUZIDOS

Tradução de Guilherme Summa

EDITORA VOZES

Petrópolis

© J.J. Jurado / M. López de la Nieta
© 2012, Editorial CCS, Alcalá, 166 / 28028 Madri

Tradução do original em espanhol intitulado *101 juegos tranquilos – Para motricidad limitada y espacios reducidos*

Direitos de publicação em língua portuguesa – Brasil:
2016, Editora Vozes Ltda.
Rua Frei Luís, 100
25689-900 Petrópolis, RJ
www.vozes.com.br
Brasil

Todos os direitos reservados. Nenhuma parte desta obra poderá ser reproduzida ou transmitida por qualquer forma e/ou quaisquer meios (eletrônico ou mecânico, incluindo fotocópia e gravação) ou arquivada em qualquer sistema ou banco de dados sem permissão escrita da editora.

CONSELHO EDITORIAL

Diretor
Volney J. Berkenbrock

Editores
Aline dos Santos Carneiro
Edrian Josué Pasini
José Maria da Silva
Marilac Loraine Oleniki

Conselheiros
Elói Dionísio Piva
Francisco Morás
Gilberto Gonçalves Garcia
Ludovico Garmus
Teobaldo Heidemann

Secretário executivo
Leonardo A.R.T. dos Santos

Editoração: Flávia Peixoto
Diagramação: Sheilandre Desenv. Gráfico
Revisão gráfica: Nilton Braz da Rocha e Nivaldo S. Menezes
Ilustrações de miolo e capa: Juan José Jurado
Capa: Renan Rivero

ISBN 978-85-326-5314-7 (Brasil)
ISBN 978-84-9842-813-1 (Espanha)

Este livro foi composto e impresso pela Editora Vozes Ltda.

Sumário

Introdução, 9

1 A, b, c, 13

2 Rua, 15

3 Rouba pandeiro, 17

4 Mímica das profissões, 19

5 Adivinhe qual é a palavra, 22

6 Dizendo sem dizer, 24

7 Adivinha quem está falando, 26

8 Adivinha quem é, 28

9 Me engana que eu gosto, 30

10 Esconde-esconde, 32

11 Alinhando-se por altura, 34

12 Areia movediça, 36

13 Amarrando os sapatos, 38

14 Avançando às cegas, 40

15 Veja o que mudou, 42

16 Baleia, cobra e águia, 44

17 Encontre o apito, 46

18 Encontre a saída, 48

19 Procure os presentes, 50

20 Encontre a sua cor, 52

21 Encontre o mensageiro, 54

22 Encontre a bola às cegas, 56

23 Procurando uma cor, 58

24 Cavalo-cego, 60

25 Cadeia de sílabas, 62

26 Quanto pesa?, 64

27 Caça ao som, 66

28 Comendo às cegas, 68

29 Quando eu viajo..., 70

30 Conte o que aconteceu, 72

31 Da terra, do mar ou do ar, 74

32 Descubra o que falta, 76

33 Descubra a verdade, 78

34 Quantos fazem barulho?, 80

35 Diga-me quanto mede, 82

36 Quem se esconde?, 84

37 O acusado e seu advogado, 86

38 A quitanda do meu pai, 88

39 O aperto de mãos, 90

40 Caminho encantado, 92

41 Agarre-me se puder, 94

42 O cego e a estátua, 96

43 O cego e seu guia, 98

44 O cego, seu guia e as interferências, 100

45 O lobo e as ovelhas, 102

46 O local proibido, 104

47 O modelo e seu espelho, 106

48 O objeto perdido, 108

49 De onde vem o ruído?, 110

50 O tesouro escondido, 112

51 O tempo exato, 114

52 O trem chegou, 116

53 O vigia e os ladrões, 118

54 O zoo, 120

55 Estranho no ninho, 122

56 Descubra o que mudou, 124

57 Engraçadinhos e sérios, 126

58 Guardando o tesouro, 128

59 Guardando a porta, 130

60 Faça o inverso, 132

61 Memorizando, 134

62 O que tem no saco?, 136

63 Baratas tontas, 138

64 A coruja e a toupeira, 140

65 O biombo, 142

66 A bola colorida, 144

67 Rosa dos ventos, 146

68 As abelhas ajudam, 148

69 Os sinos da minha cidade, 150

70 Na minha frente tem, 152

71 Localize a letra, 154

72 Bate-bate humano, 156

73 Os números, 158

74 Os aromas do ar, 160

75 O som das horas, 162

76 Amanhã tem excursão, 164

77 Moedas no cofrinho, 166

78 Nem sim, nem não, 168

79 Países, 170

80 Palavra e bola, 172

81 Duplas de estátuas, 174

82 Passa o bambolê, 176

83 Passa rápido, 178

84 Telefone sem fio, 180

85 Passa a pedra, 182

86 O capitão mandou, 184

87 Bota o chapéu, 186

88 Arrumando tudo, 188

89 Faça o gesto, 190

90 Reconhecendo o colega, 192

91 Imitações, 194

92 Siga o aroma, 196

93 Siga o rei, 198

94 Não passe da linha, 200

95 Sou adivinho, 202

96 Terra, mar e ar, 204

97 Toque de novo, 206

98 Una-se ao grupo, 208

99 Jogo das vogais, 210

100 Voa, nada, corre, 212

101 Como é que ele é?, 214

Introdução

Os jogos desenvolvidos neste livro possuem a característica de não exigir uma grande coordenação motora para praticá-los, pois podem ser realizados em pequenos espaços, seja dentro do ônibus de excursão escolar, ou em uma sala de aula, em uma sala de espera etc. Eles necessitam de certa tranquilidade, que pode ser transmitida durante seu próprio desenvolvimento, desse modo, é interessante que sejam feitos em momentos em que se requer serenidade como, por exemplo, depois de um dia agitado ou para apaziguar a ansiedade generalizada ocasionada por um evento especial.

Os jogos aqui apresentados, que em muitos casos podem ser realizados mesmo com crianças com habilidades motoras limitadas, não devem ser encarados com rigidez, uma vez que podem ser adaptados de acordo com os participantes e as condições ambientais, o que, na verdade, ultrapassa o reino da possibilidade para constituir de fato uma recomendação que você deve sempre ter em mente.

Este novo livro de jogos, que, na qualidade de autores, apresentamos, contém uma compilação com base na nossa experiência como professores de Educação Física; uma experiência adquirida (quase 65 anos, somando-se ambas) em diferentes etapas da educação, da Pré-escola ao Ensino Médio. As propostas são, em alguns casos, adaptações de jogos populares e tradicionais, com muitas variações, que multiplicam o número de jogos, alcançando um total de cerca de trezentos. Quanto a isso, deve-se levar em conta a metodologia de aplicação de jogos explicada em obras anteriores, que consiste em analisar uma brincadeira e suas variações com os grupos de crianças: número de jogadores, equipes envolvidas, espaço, desenvolvimento do jogo... e solicitar ao grupo que sugira variações de cada elemento analisado a fim de obter novos jogos nos quais se confirme ou não, ao aplicá-los, a sua viabilidade. Dessa forma, os participantes irão se sentir mais envolvidos com os jogos, já que eles próprios os inventaram de forma criativa.

Os jogos mostrados contêm alguns dados que ajudam a situá-los, tais como o *número de jogadores*, a *idade* aproximada do público-alvo e o *material necessário* para sua prática. Segue-se, então, a *descrição* do desenvolvimento e são passadas as *regras e penalidades*. As *variações* relacionadas a cada jogo correspondem a mudanças em aspectos específicos de cada jogo matriz; em alguns casos, o resultado é semelhante a outros já conhecidos ou há, inclusive, algum mais original apresentado neste manual. A última parte é dedicada a descrever os aspectos a serem levados em conta na sua *aplicação ao ensino*, porque é nessa área que os jogos podem ser usados de forma mais frequente. As indicações se limitam a algumas sugestões sobre as *etapas educacionais*, a uma lista das *habilidades desenvolvidas*, terminando com *observações e sugestões* dignas de reflexão.

Você perceberá que quase todos os jogos falam sobre o seu *orientador*. É uma figura que julgamos de suma importância, relevante por estar em posição de transmitir entusiasmo, motivação, gerar confiança, sabendo o que pretende ao aplicar um ou outro jogo. E sendo claro na apresentação, permitindo que a participação na brincadeira seja livre e que os jogadores tenham oportunidade de tomar iniciativas durante o seu desenvolvimento. Em determinadas ocasiões, o orientador do jogo inicial pode – na verdade deve – delegar a um ou a vários participantes sua própria função.

Quando o orientador do jogo precisar formar equipes, deverá encontrar maneiras de que elas sejam as mais equilibradas que conseguir montar, combinando grupos cujos integrantes possam, de acordo com suas capacidades, desenvolver-se dentro da equipe e, ao mesmo tempo, complementar e ajudar seus companheiros. Deve-se ter em mente que os participantes não devem ser eliminados permanentemente no desenvolvimento de cada atividade, a não ser naquelas que, por sua velocidade e agilidade, determinem breves momentos de eliminação.

Os materiais usados indicados são passíveis de substituição por outros que possam desempenhar a mesma função no jogo, evitando-se aqueles potencialmente perigosos. Os objetos sugeridos são sempre itens de baixo custo, que podem ser encontrados em nosso entorno imediato.

Uma das maiores críticas que os manuais de jogos recebem é a falta de clareza nas explicações, o que é compreensível, dado que, em muitos casos, seus autores consideram óbvias perguntas que não o são para um leitor menos experiente. Por isso, a descrição feita em cada jogo é detalhada e às vezes exaustiva; o objetivo final é que cada um dos jogos seja bem entendido.

Embora existam muitas maneiras de classificar os jogos, eles se encontram ordenados aleatoriamente, já que seus nomes são apenas produto da imaginação de quem os inventou.

O livro é destinado principalmente a professores de Educação Física, mestres, monitores e educadores, bem como a pessoas que necessitam de exercício mental e de movimentos de baixa intensidade. Por isso, ainda que por nossa experiência sempre nos dirijamos a um público infantojuvenil, muitos dos jogos também podem ser praticados por grupos de idosos.

Há que se fazer ainda uma menção ao sexismo; os jogos descritos são para todos, meninos e meninas indistintamente, apesar de utilizarmos o masculino genérico na explicação dos jogos para nos referirmos a alunos e alunas ou professores e professoras, com a única intenção de tornar a leitura do livro mais fluida e fácil.

Por último, gostaríamos de agradecer às pessoas que nos inspiraram e apoiaram, a fim de que *101 jogos para motricidade limitada e espaços reduzidos* se tornasse realidade, bem como a todos os leitores que, mais uma vez, confiaram em nós.

1 A, b, c

Número de jogadores: De 2 em diante.
Idade: De 8 a 13 anos.
Material: Nenhum (embora deva ser jogado em um lugar com muitas coisas ao redor).

Descrição

Os jogadores se distribuem pelo espaço como desejarem, definindo uma ordem de participação. O primeiro deve dizer o nome de um objeto, pessoa ou coisa que vê à sua volta e que contenha a letra A. O segundo faz o mesmo, mas com a letra B, e assim por diante, com a participação de todos, seguindo o alfabeto. Exemplo: Com o A, porta; B, mobília; C, Carlos... Aquele que não encontrar uma palavra dentro do prazo estabelecido perde um ponto e passa a vez para o próximo jogador, com a mesma letra.

Regras e penalidades

A critério do orientador do jogo podem ser excluídas algumas letras que comportem alguma dificuldade (K, W, Y...).

Deve-se também considerar a permissão ou não da repetição de palavras para letras diferentes, dependendo das possibilidades com relação aos objetos no espaço de jogo.

Variações

1) Com grupos numerosos, que se conheçam bem, e entre idosos, realizar a brincadeira limitando-a ao uso de nomes e sobrenomes dos participantes. Outra forma de dificultar o jogo é estabelecer a regra de que a palavra escolhida comece com a letra da vez.

2) Com um grupo pequeno, diante de um mapa geográfico, os jogadores devem procurar e assinalar as palavras que contenham a letra. Exemplo: A, Brasil; B, Nova Friburgo; C, Ancara... Pode-se utilizar também um esquema do corpo humano (sistema esquelético ou muscular).

APLICAÇÃO AO ENSINO

Etapa educacional: Do 3º ao 8º ano do Ensino Fundamental.

Habilidades desenvolvidas: Vocabulário, observação, memória e agilidade mental.

Interdisciplinaridade: Linguagem. Conhecimentos gerais na última variação.

2 Rua

Número de jogadores: De 10 em diante.
Idade: 10 anos ou mais.
Material: Nenhum.

Descrição

Todos os jogadores sentam-se em círculo no chão. O jogo começa quando o orientador diz a um dos participantes para iniciar a contagem: esse primeiro dirá "Um!", o seguinte à direita dirá "Dois!", e assim por diante: "Três!", "Quatro!"... Até que um jogador, em vez de dizer o número que lhe cabe, por exemplo, seis, diz "Rua!"

Em seguida, os jogadores prosseguem com a série normal de números, ou seja, sete, oito... Ao chegar a sua vez, se o número de um jogador for um múltiplo de seis, ele terá que dizer "Rua!" (12, 18, 24 etc.).

Regras e penalidades

Os jogadores poderão dizer "Rua!" a qualquer momento, mas somente a partir do número dois.

O jogador que se equivocar deve ser contestado por todo o grupo com um "Vai pra rua!", e é eliminado do círculo; então, os demais começam novamente a partir do "um".

Se alguém disser "Vai pra rua!" e não estiver correto, também será eliminado.

Ganha o jogador que ficar por último, ou seja, aquele que não cometeu nenhum erro.

Variações

O orientador do jogo, além de determinar quem começa a contagem, pode também indicar o primeiro a dizer "Rua!"

APLICAÇÃO AO ENSINO

Etapa educacional: Do 5º ano do Ensino Fundamental em diante.
Habilidades desenvolvidas: Agilidade mental e observação.
Interdisciplinaridade: Matemática.

3 Rouba pandeiro

Número de jogadores: De 6 a 25.
Idade: De 6 a 12 anos.
Material: Um pandeiro ou outro objeto que produza som com o movimento (sino, chocalho, guizo...). Um lenço para vendar os olhos.

Descrição

Os participantes se distribuem pelo espaço de jogo como desejarem. Um dos jogadores, previamente escolhido pelo orientador, fica sentado com os olhos vendados e o pandeiro a seus pés. O orientador faz sinal para alguém do grupo levantar-se silenciosamente, pegar o pandeiro e entregá-lo até ele, onde quer que esteja (o orientador deve ir mudando de posição).

O jogador com a venda vai tentar ouvir o som do pandeiro e indicar o lugar onde o instrumento musical está. Enquanto isso, o aluno que rouba o pandeiro tentará movê-lo sem fazê-lo soar. Dos dois envolvidos (o participante vendado e o que rouba o pandeiro), ganha um ponto aquele que cumprir o seu objetivo.

Regras e penalidades

Todos devem fazer completo silêncio para que se possa ouvir o som do instrumento de forma clara.

Variações

1) Haverá mais de um instrumento musical envolvido no jogo.
2) A brincadeira pode ser feita com dois pandeiros iguais e duas crianças envolvidas no roubo. Nesse caso, os pontos são dados a quem entregar primeiro o instrumento ao orientador ou ao que ouviu o som do pandeiro ao ser roubado.

APLICAÇÃO AO ENSINO

Etapa educacional: Do 1º ao 7º ano do Ensino Fundamental.
Habilidades desenvolvidas: Audição.
Interdisciplinaridade: Música.

4 Mímica das profissões

Número de jogadores: De 2 em diante.
Idade: De 6 a 12 anos.
Material: Nenhum.

Descrição

Todos os jogadores sentam-se no chão, formando um semicírculo. O orientador do jogo escolhe alguém para que, na frente de seus colegas, comece a executar movimentos próprios da profissão em que está pensando. Por exemplo, no caso de ser um médico, o participante finge medir a pulsação, auscultar um paciente etc.; se for um guarda de trânsito, orienta a faixa de pedestres, para o trânsito etc. Quando um jogador achar que descobriu a profissão que está sendo imitada, levanta o braço, diz qual é e, se acertar, é a sua vez de imitar outra profissão. Se errar, o primeiro aluno continua a fazer sua mímica até que outro jogador levante a mão e adivinhe.

Regras e penalidades

O aluno que faz a mímica não pode falar. Pode ser combinado com antecedência se onomatopeias são permitidas.

Quem acerta ganha um ponto. Os erros, na tentativa de acertar a profissão, não contam. No fim do jogo, quem tiver o maior número de pontos é o vencedor. Não vale repetir profissões.

Passado um tempo previamente estipulado, se ninguém acertar, o aluno que faz a imitação pode dar uma pista, utilizando uma única palavra.

Variações

1) O sistema de pontuação pode ser realizado de outras maneiras, como, por exemplo, todos iniciarem o jogo com um determinado número de pontos, adicionando-se pontos por acertos e subtraindo-se por erros.

2) Dois jogadores são escolhidos para fazer mímica ao mesmo tempo, tendo eles que combinar entre si qual profissão irão imitar. Pode ser também que os dois jogadores executem ao mesmo tempo imitações de profissões diferentes, enquanto os demais participantes os observam e, quando alguém achar que sabe quais são as duas profissões, levanta a mão. Se acertar, ganha dois pontos e escolhe outro jogador para acompanhá-lo na mímica de outras duas profissões, e o jogo recomeça. Se ninguém conseguir adivinhar, ou adivinhar apenas uma das profissões, a rodada prossegue até que alguém adivinhe as duas.

3) Em vez de mímica de profissões, pode-se mudar os temas para as imitações: animais (cão, elefante, lagarta, águia...), alimentos (maçã, espaguete, banana, feijão...), brinquedos ou brincadeiras (pião, boneca, bambolê, esconde-esconde, pipa...), esportes (tênis, futebol, polo aquático, esqui...) etc.

4) Formam-se dois grupos, que se sentam de frente um para o outro, e realiza-se um sorteio para saber qual será a ordem de atuação. O primeiro grupo a se apresentar escolhe um de seus integrantes, que deve se aproximar dos colegas do outro grupo para que lhe digam baixinho, de forma que os integrantes de seu próprio grupo não ouçam, o nome de uma profissão. O aluno escolhido, por meio de mímica, tem de tentar fazer com que o seu grupo descubra a profissão que está representando.

Se, após um tempo predeterminado, ninguém acertar, os dois grupos invertem os papéis. Se, no entanto, acertarem, os dois grupos prosseguem como estavam, mudando apenas o jogador que faz a mímica nesse mesmo grupo, ao qual o outro grupo deverá indicar uma nova profissão para representar.

Os integrantes do grupo que adivinha podem tentar acertar dizendo quantos nomes de profissões quiserem.

Computam-se os pontos de acerto de cada grupo e ganha aquele que obtiver o maior número de vitórias.

APLICAÇÃO AO ENSINO

Etapa educacional: Do 1º ao 7º ano do Ensino Fundamental.

Habilidades desenvolvidas: Observação, atenção, memória e expressão corporal.

Interdisciplinaridade: Conhecimentos gerais.

Observações e sugestões: Se o número de participantes for superior a 10, podem ser formados grupos de 5 a 7 participantes, realizando-se o jogo em cada grupo separadamente, nos quais um dos integrantes desempenhará a função de orientador.

Esta brincadeira é uma boa forma de se trabalhar a expressão corporal. Também é útil para superar problemas de inibição e timidez.

5 Adivinhe qual é a palavra

Número de jogadores: De 9 a 30.
Idade: De 8 a 13 anos.
Material: Nenhum.

Descrição

    O orientador do jogo escolhe um aluno para ser o "adivinhador", que terá de deixar por alguns instantes a sala de aula ou o local onde o jogo está sendo realizado. O grupo que fica tem de escolher uma palavra ("camiseta", p. ex.) e, conforme o número de sílabas que contenha (neste caso, quatro), é dividido em subgrupos de igual número, separados no espaço de jogo. São atribuídas a cada grupo uma sílaba (ca – mi – se – ta) e o adivinhador é chamado de volta. Ao sinal do orientador do jogo, todos os grupos gritam ao mesmo tempo a sílaba que lhes foi atribuída, três vezes. Então, o adivinhador deve acertar a palavra escolhida pelo grupo. Para fazer isso, ele primeiro precisa identificar as sílabas, para depois emendá-las em uma única palavra que faça sentido.

Regras e penalidades

Ganha quem acerta a palavra. Se o adivinhador falhar, os grupos lhe dão outra chance pronunciando as sílabas em uníssono. Se ainda assim não acertar, ele é eliminado e um outro jogador toma o seu lugar para outra rodada.

Se a palavra dita pelo adivinhador não for a escolhida pelo grupo, mas também tiver significado, coincidindo todas as suas sílabas, é considerada válida também.

Nomes próprios são permitidos.

Variações

Limitar as palavras a temas específicos: nomes de países e cidades, animais, plantas etc.

APLICAÇÃO AO ENSINO

Etapa educacional: Do 3º ao 8º ano do Ensino Fundamental.

Habilidades desenvolvidas: Audição, memória e vocabulário.

Interdisciplinaridade: Linguagem. Áreas diversas conforme os temas escolhidos na variação sugerida.

6 Dizendo sem dizer

Número de jogadores: De 2 em diante.
Idade: De 9 a 15 anos.
Material: Nenhum.

Descrição

Os jogadores são divididos em duas equipes que se sentam frente a frente. Sorteia-se a ordem de participação de cada uma. A equipe escolhida irá indicar um dos seus integrantes para atuar. Ele se aproximará da equipe adversária para que lhe digam baixinho uma palavra de uma lista fornecida pelo orientador do jogo (p. ex., "caminhão"). Em seguida, ele voltará para perto de seus colegas, postando-se diante deles, e começará dizendo outra palavra relacionada com a anterior (p. ex., "estrada"), tentando fazer com que sua equipe adivinhe a palavra dada. Cada um de seus colegas, seguindo uma ordem combinada entre si, dirá outra palavra que julgar ser a que foi dada inicialmente. Se acertar, os papéis das equipes serão invertidos, e tudo começará novamente. Se errar, o aluno escolhido dirá outra palavra como pista para seus colegas (p. ex., "transporte"), repetindo o processo nos dois casos mencionados anteriormente.

Após um certo número de rodadas previamente combinado, ganha a equipe que precisou de menos oportunidades para descobrir as palavras dadas.

Regras e penalidades

Os integrantes da equipe só podem falar um de cada vez.

Variações

As palavras a serem adivinhadas podem ser limitadas a temas específicos, tais como figuras históricas, profissões, animais etc.

APLICAÇÃO AO ENSINO

Etapa educacional: Do 4º ano do Ensino Fundamental ao 1º ano do Ensino Médio.

Habilidades desenvolvidas: Criatividade, imaginação, memória e agilidade mental.

Interdisciplinaridade: Linguagem e outras matérias, se determinados temas forem especificados.

7 Adivinha quem está falando

Número de jogadores: De 10 a 25.
Idade: De 6 a 12 anos.
Material: Algo para cobrir os olhos.

Descrição

Os jogadores sentam-se formando um grande círculo. Um deles é colocado no centro, de olhos vendados. O orientador do jogo indica três, quatro ou cinco alunos (dependendo do número de participantes) que, silenciosamente, devem se levantar e se movimentar dentro do círculo falando, cantando ou produzindo sons sem parar, mudando suas vozes para não serem reconhecidos. O que está no meio tentará identificar os colegas que atuam.

Regras e penalidades

Aqueles que estão sentados no círculo devem permanecer em silêncio.

Um determinado tempo deverá ser estabelecido previamente, ao fim do qual o jogador do centro dirá os nomes dos colegas que atuaram. Os acertos são contabilizados em pontos. Aqueles que não foram identificados também ganham pontos.

Concluída a ação, o orientador do jogo designa outros participantes para ambas as funções, e começa uma nova rodada. Após determinado número de rodadas, os pontos são contados para se definir o vencedor.

Variações

1) Quando se deseja dificultar a tarefa de identificação dos jogadores que falam ou fazem ruídos, pode-se permitir que os participantes que estão no círculo emitam um som suave, como um zumbido, uma vocalização etc.

2) Organizar duas equipes, uma jogando para adivinhar e a outra para fazer sons, sendo que são as próprias equipes que escolhem seus representantes. As funções de cada equipe são alternadas, computando-se os pontos obtidos em cada rodada.

APLICAÇÃO AO ENSINO

Etapa educacional: Do 1º ao 7º ano do Ensino Fundamental.
Habilidades desenvolvidas: Audição e atenção.

8 Adivinha quem é

Número de jogadores: A partir de 12.
Idade: De 6 a 13 anos.
Material: Nenhum.

Descrição

Os participantes distribuem-se livremente pelo espaço. O orientador do jogo escolhe um aluno e sussurra em seu ouvido o nome de um colega. O escolhido, em voz alta, dá a todos os colegas uma pista de quem se trata. Quem achar que sabe quem é levanta a mão e diz o nome quando solicitado. Se adivinhar, será encarregado de indicar outro colega, dando início a uma nova rodada. Se não adivinhar, o escolhido dá uma nova pista, e o processo prossegue da mesma forma.

Regras e penalidades

Os participantes têm de respeitar a ordem e falar apenas quando o orientador do jogo der permissão.

Variações

Limitar as pistas a um determinado tema: vestuário, aparência, qualidades pessoais, letras do seu nome e sobrenome...

APLICAÇÃO AO ENSINO

Etapa educacional: Do 1º ao 8º ano do Ensino Fundamental.

Habilidades desenvolvidas: Observação, memória, imaginação e dedução.

Observações e sugestões: Os participantes devem procurar ser originais e as pistas não devem se repetir com frequência.

---

9 Me engana que eu gosto

Número de jogadores: De 10 a 30.
Idade: De 7 anos em diante.
Material: Uma bola.

Descrição

Os jogadores ficam de pé, formando um semicírculo; um deles (a "mãe") posiciona-se diante dos demais, a uns 5 metros de distância, segurando uma bola. Então, lança ou ameaça lançá-la para um jogador do semicírculo. Se de fato a lança, o jogador a quem é dirigida deve bater palmas uma vez antes de agarrá-la. Quando a bola estiver em poder de um dos participantes do semicírculo, ele deve devolvê-la à "mãe", podendo também apenas ameaçar em vez de realmente fazê-lo. A mãe também tem de bater palmas uma vez antes da agarrar a bola.

Regras e penalidades

Se a mãe somente ameaça lançar a bola e algum jogador do semicírculo bate palmas, ele é eliminado. Se a bola chega ao receptor e ele ainda está batendo palmas, ele é eliminado.

Quando apenas ameaçam lançar a bola para a "mãe" e ela bate palmas, ela é eliminada, passando para o centro o jogador que conseguiu enganá-la. Ela também é eliminada se deixar cair a bola.

Os jogadores eliminados ficam sentados no chão, no mesmo lugar onde estavam de pé, exceto o do centro, que vai para o semicírculo, substituindo o colega que conseguiu enganá-lo.

Não é permitido lançar a bola com velocidade, somente com passes suaves.

Variações

1) Em vez de bater palmas, todos os jogadores do semicírculo permanecem com os braços cruzados. Só poderão abrir os braços quando forem agarrar a bola, e se o fizerem sem que ela seja, de fato, lançada, isto é, se forem enganados, são eliminados. O mesmo se aplica ao jogador que está diante do semicírculo: quando lança a bola, ele cruza os braços e só pode abri-los para receber a bola.

2) A posição inicial pode ser variada: as mãos sobre a cabeça, cruzadas atrás das costas, pousadas nos quadris...

APLICAÇÃO AO ENSINO

Etapa educacional: Do 2º ano do Ensino Fundamental em diante.

Habilidades desenvolvidas: Atenção e reflexo.

Observações e sugestões: A bola pode ser substituída por qualquer objeto que não seja perigoso: garrafa plástica, bola de papel, *frisbee*...

10 Esconde-esconde

Número de jogadores: Indeterminado, com um mínimo de 2.
Idade: De 6 a 10 anos.
Material: Um pequeno objeto (chave, pião, caneta...).

Descrição

O orientador do jogo mostra a todos o objeto escolhido para a brincadeira e seleciona o aluno que irá procurá-lo. Esse aluno deixa a sala onde o jogo está sendo realizado. O orientador dá o objeto a um dos demais participantes para que o esconda na sala e, depois de executar tal tarefa, ele se junta aos outros colegas. Em seguida, o orientador chama de volta o aluno que deixou a sala, que começa a procurar o objeto. Os outros, com mímica, demonstram sentir mais frio ou mais calor, dependendo da distância do objeto procurado (quanto mais afastado, mais frio; quanto mais próximo, mais quente). O objetivo é encontrar o objeto antes que se esgote o tempo previamente combinado. Se o aluno o encontrar ou se o prazo expirar, começa outra rodada com dois novos jogadores.

Regras e penalidades

É proibido dar qualquer outra pista que não a mímica de frio e quente.

Variações

1) O aluno escolhido para procurar o objeto não deixa a sala ou o espaço delimitado para o jogo, tendo apenas que cobrir os olhos enquanto o objeto é escondido.

2) A mímica de frio e quente pode ser substituída por outros gestos para indicar a distância, como pequenos ou grandes pulos sem sair do lugar (pulos mais baixos, mais afastado; pulos mais altos, mais próximo), ou mover os braços para cima e para baixo mais rápido (próximo) ou mais devagar (afastado). É possível também substituir os gestos por algum tipo de sinal sonoro, como determinados ruídos ou palavras (como, p. ex., "perto" ou "longe", empregando-se mais ou menos intensidade ou volume, dependendo da distância).

APLICAÇÃO AO ENSINO

Etapa educacional: Do 1º ao 5º ano do Ensino Fundamental.

Habilidades desenvolvidas: Orientação espacial, acuidades auditiva e visual.

Interdisciplinaridade: Linguagem.

11 Alinhando-se por altura

Número de jogadores: De 10 em diante.
Idade: De 8 a 13 anos.
Material: Elementos nos quais os alunos possam subir, como bancos suecos (dois no mínimo), cadeiras etc.

Descrição

Dois ou mais bancos são dispostos de modo a formar elementos da geometria: ângulo, triângulo, quadrado etc. Em cada um, sentam-se aleatoriamente cinco jogadores. Ao sinal do orientador, os jogadores de cada banco ficam de pé sobre ele, ordenados do mais alto para o mais baixo. Ganha a primeira equipe que conseguir fazê-lo. Novos grupos de cinco são formados com outros jogadores, diferentes daqueles dos grupos iniciais, e outra rodada é começada.

Regras e penalidades

O orientador é quem determina o grupo vencedor, sempre verificando se o posicionamento dos jogadores está correto.

Variações

1) A ordenação é feita segundo as idades dos jogadores, da maior para a menor. Como muitos devem ter a mesma idade, eles devem primeiro tomar ciência do mês de nascimento de cada colega para conseguirem se organizar como manda o jogo. Ganha o grupo que se posicionar corretamente primeiro. O orientador do jogo deverá saber as datas de nascimento de todos, para poder avaliar os resultados.

2) Em vez de ficarem de pé, cada um dos jogadores deve buscar uma posição diferente (sentado, ajoelhado, agachado, na ponta dos pés...), de modo a se ordenarem por altura crescente.

APLICAÇÃO AO ENSINO

Etapa educacional: Do 3º ao 8º ano do Ensino Fundamental.

Habilidades desenvolvidas: Visão e equilíbrio.

Interdisciplinaridade: Artes Plásticas e Matemática.

Observações e sugestões: Caso não seja possível utilizar bancos, a brincadeira pode ser realizada com os participantes sentados no chão e levantando-se para ordenarem-se por altura.

12 Areia movediça

Número de jogadores: De 4 a 20.
Idade: De 8 a 15 anos.
Material: Duas folhas de jornal por jogador.

Descrição

Duas linhas paralelas, espaçadas entre si cerca de 5 metros, são traçadas no chão. A área entre as duas é o terreno da "areia movediça". Para começar, os jogadores envolvidos (dependendo do comprimento da linha) são dispostos atrás de uma das linhas (linha de saída), com o objetivo de atravessar a areia movediça e chegar à outra linha (linha de chegada). Para isso, eles usam duas "pranchas antiafundamento" (folhas de jornal).

Ao sinal previamente combinado, partindo da linha de saída, os participantes tentam chegar o mais rapidamente possível à linha de chegada, pisando apenas nas folhas de jornal. O primeiro a conseguir é o vencedor.

Regras e penalidades

Para executar o movimento, os jogadores têm de deixar as pranchas antiafundamento no chão, pisá-las e levantá-las para colocá-las mais à frente e seguir adiante.

É proibido arrastar as folhas de jornal com os pés; só é permitido levantá-las com as mãos e mudá-las de posição.

Se alguém pisar no chão e não no papel, ficará preso na "areia movediça" e será eliminado. É permitido pisar cada folha de jornal com um ou os dois pés.

Quem rasgar as pranchas antiafundamento no decorrer do jogo é eliminado.

Variações

1) Trocar o jornal por outros materiais, tais como bambolês (relativamente grandes) ou cadeiras (com os mais velhos).
2) Competindo em grupos como numa corrida de revezamento.

APLICAÇÃO AO ENSINO

Etapa educacional: Do 3º ano do Ensino Fundamental ao 1º ano do Ensino Médio.

Habilidades desenvolvidas: Equilíbrio, coordenação motora e velocidade.

Observações e sugestões: Organizar rodadas de acordo com o espaço disponível e o número de participantes.

13 Amarrando os sapatos

Número de jogadores: De 10 a 30.
Idade: De 6 a 9 anos.
Material: Cadarços ou cordões semelhantes, um para cada jogador.

Descrição

O grupo inteiro é dividido em equipes de igual número de jogadores. Em cada uma delas, seus integrantes, com o cadarço na mão, enfileiram-se atrás de uma linha. Quando o orientador dá a ordem ("Já!"), o primeiro de cada equipe sai da fila, levando o cordão para amarrá-lo com um laço em um lugar determinado anteriormente, a dois ou mais metros do ponto de partida (a mesma distância para todas as equipes). Depois de completar a tarefa, ele retorna para tocar o jogador seguinte, que terá que fazer quatro coisas:

- desatar o cordão do colega;
- amarrar o seu próprio com um laço;

- voltar e entregar o cordão ao seu proprietário;
- tocar o jogador seguinte de sua equipe para que este realize o mesmo processo.

A brincadeira prossegue assim até que todos os participantes realizem a tarefa de atar e desatar o laço. Ganha a primeira equipe que terminar.

Regras e penalidades

É importante dar um laço bem dado, pois, se alguém não o fizer direito, toda a sua equipe é eliminada.

Variações

1) Com apenas um cadarço por equipe. O primeiro aluno deve levá-lo até o local determinado, atá-lo, desatá-lo e voltar até o colega seguinte, no qual deve amarrar o cordão no pulso. Quando terminar, aquele que está com o cordão o leva até o local determinado, ata e desata o cordão e segue o mesmo processo realizado anteriormente pelo primeiro colega.

2) Também com apenas um cordão por equipe. Cada uma dispõe de dois locais para amarrar os cadarços. O primeiro jogador a sair deve levar o cordão a um desses locais, atá-lo e retornar à sua equipe para tocar o próximo colega. Este tem de desatar o cordão, atá-lo no segundo local e voltar para a sua equipe para tocar o próximo jogador, e assim sucessivamente com todos.

APLICAÇÃO AO ENSINO

Etapa educacional: Do 1º ao 4º ano do Ensino Fundamental.

Habilidades desenvolvidas: Motricidade fina e velocidade.

Observações e sugestões: O objetivo não é correr, e sim atar e desatar o laço de forma rápida e eficaz, motivo pelo qual a distância não deve ser muito grande.

14 Avançando às cegas

Número de jogadores: De 10 a 40.
Idade: De 8 a 13 anos.
Material: Qualquer objeto que sirva de marcação: bandeirola, trave... e vendas para cobrir os olhos, de mesmo número que as equipes.

Descrição

Os participantes são agrupados em equipes (de duas em diante), formadas por no mínimo quatro jogadores em cada. Marca-se no chão uma linha de saída (A), por trás da qual se posicionam todas as equipes paralelamente, com seus respectivos integrantes enfileirados. Diante de cada equipe, atrás de outra linha (B), distante cerca de 15 a 30 metros, coloca-se uma bandeirola ou algo similar (X) e ao lado dela um colega "guia". Ao sinal do orientador do jogo, o primeiro integrante de cada equipe, com os olhos vendados, desloca-se em direção ao "guia", seguindo as indicações que este lhe dá e que tenham sido previamente combinadas em cada equipe. Tais sinais são usados para avançar, parar, direita, esquerda, diagonal direita etc. Podem ser notas musicais (dó: direita; ré: em frente...), nomes de animais (cão: esquerda; gato: parar...), países, planetas, números etc. O primeiro jogador a tocar a bandeirola ou similar (X) ganha um ponto, remove a venda, entrega-a ao próximo colega de sua equipe para começar de novo e vai para o fim da fila, até que todos no grupo tenham participado.

Regras e penalidades

Só quem pode dar indicações para o jogador que realiza o deslocamento é o guia. Não é permitido correr, apenas caminhar.

Ganha a equipe com o maior número de pontos.

Variações

1) A bandeirola ou similar (X) pode ser suprimida, bastando o jogador que se desloca vendado tocar o colega que atua como guia.
2) O "guia" atrás da linha B é suprimido e sua tarefa passa a ser desempenhada pelo colega seguinte ao primeiro da fila que estiver se deslocando vendado.

Reduzir a distância de deslocamento para cerca de 5 a 10 metros, passando o jogador a ter que realizar o trajeto de ida e volta, retornando à posição inicial com os olhos vendados.

APLICAÇÃO AO ENSINO

Etapa educacional: Do 3º ao 8º ano do Ensino Fundamental.

Habilidades desenvolvidas: Audição e noção espacial.

Interdisciplinaridade: Pode fornecer suporte para várias matérias se o orientador propuser que os participantes combinem sinais em torno de temas específicos.

15 Veja o que mudou

Número de jogadores: De 10 a 25.
Idade: De 6 a 9 anos.
Material: Nenhum.

Descrição

Os alunos sentam-se em círculo com trajes informais (sem o uniforme escolar). Um voluntário é colocado no centro do círculo e, lentamente, gira uma ou duas vezes para que os colegas o observem. Então, ele sai da sala para mudar algum detalhe em sua indumentária ou adornos que esteja usando. Volta para a sala e, outra vez de pé no centro, enquanto gira devagarzinho, pergunta a todos:

– O que eu mudei?

Os colegas que descobrirem a mudança levantam as mãos; o primeiro a fazê-lo diz em voz alta o que acha que mudou, quando autorizado pelo orientador. Se acertar, é sua vez de ir para o centro, e uma nova rodada começa. Se não acertar, é a vez de falar do segundo a levantar a mão, e assim por diante.

Regras e penalidades

O orientador do jogo deve autorizar os alunos a falar conforme a ordem em que eles levantaram as mãos.

As mudanças podem ser feitas de muitas maneiras: alterando pequenos detalhes (p. ex., colocando a camiseta pelo avesso, dobrando a barra da calça...), removendo brincos, pulseiras etc.

É realizada apenas uma única alteração.

Variações

1) Permitir mais de uma mudança de cada vez.
2) Dois jogadores no centro do círculo fazendo as alterações, utilizando o mesmo processo descrito anteriormente, podendo trocar entre si peças do vestuário ou adornos. Os colegas precisam acertar todas as mudanças que os dois fizerem.
3) Inverter os papéis: o aluno no centro do círculo será encarregado de descobrir qualquer mudança realizada por algum de seus colegas.

APLICAÇÃO AO ENSINO

Etapa educacional: Do 1º ao 4º ano do Ensino Fundamental.
Habilidades desenvolvidas: Observação e criatividade no aluno que faz as mudanças.
Interdisciplinaridade: Artes Plásticas.

16 Baleia, cobra e águia

Número de jogadores: De 15 a 30.
Idade: De 6 a 9 anos.
Material: Nenhum.

Descrição

Os participantes se movem livremente ao redor do espaço de jogo disponível. Quando o orientador der uma das três ordens que dão nome ao jogo, os jogadores têm de se unir e mover-se das seguintes formas:

ORDEM	AGRUPAMENTO	DESLOCAMENTO
Baleia	Em trios, formando um círculo, de mãos dadas.	Girando o círculo.
Cobra	Em quartetos, em fila indiana, agarrados pela cintura.	Andando em fila.
Águia	Em duplas, unidos por apenas uma das mãos.	Caminhando enquanto movem os braços livres como asas.

Regras e penalidades

Aqueles que permanecerem sem formar grupo ou, por "comerem mosca", forem os últimos a fazê-lo, ficam uma rodada sem jogar.

Variações

Alterar tanto as ordens (exemplos: macaco, golfinho e gaivota; ou caminhão, carro e moto) como as formas de agrupamento (andar de "cavalinho", carregado nas mãos unidas de dois colegas...), e deslocamento (rastejar no chão, andar para trás...).

APLICAÇÃO AO ENSINO

Etapa educacional: Do 1º ao 4º ano do Ensino Fundamental.
Habilidades desenvolvidas: Atenção, memória e capacidade de expressão.
Interdisciplinaridade: Conhecimentos gerais.

17 Encontre o apito

Número de jogadores: De 15 em diante.
Idade: De 6 a 11 anos.
Material: Um apito.

Descrição

O grupo inteiro se senta em círculo com as mãos para trás, sendo que um dos alunos esconde nas suas mãos um apito. Um dos jogadores vai para o centro. Enquanto os demais jogadores no círculo vão passando o apito de mão em mão, tentando não serem descobertos pelo colega no centro, ele vai tentar adivinhar com quem está o apito; se acertar, quem estava com o apito troca de lugar com ele e começa uma nova rodada. Enquanto o apito vai passando de um para o outro, um jogador pode fazê-lo soar, escondendo-o rapidamente para evitar ser descoberto por quem está no centro.

Regras e penalidades

Todos devem colocar as mãos para trás para despistar o jogador que está no centro do círculo, procurando não olhar para o jogador que tocar o apito.

Variações

1) Permitir lançar o apito para colegas mais distantes sempre que o jogador do centro não estiver olhando. Se quem lançar para longe for descoberto, será eliminado.
2) Utilizar outros instrumentos sonoros: gaita, flauta etc.

APLICAÇÃO AO ENSINO

Etapa educacional: Do 1º ao 6º ano do Ensino Fundamental.
Habilidades desenvolvidas: Audição, atenção e observação.

18 Encontre a saída

Número de jogadores: De 10 em diante.
Idade: De 8 a 14 anos.
Material: Uma venda para cobrir os olhos.

Descrição

Todos os jogadores formam um círculo, de mãos dadas, exceto dois colegas indicados pelo orientador do jogo, que deixam um espaço aberto entre eles ao soltarem as mãos, e outros dois em frente a eles, do lado oposto, que deixam a mesma abertura. Um jogador vai para o centro do círculo. Ele olha para ambas as saídas do círculo, coloca sua venda e então dá algumas voltinhas, girando sobre si, para ficar um pouco desnorteado. Em seguida, ele tenta sair do círculo pelas aberturas. Se conseguir, vence, e é substituído por um colega para que o jogo recomece. Se colidir com alguém, tem mais duas chances; se não conseguir sair, é substituído por outro, e começa uma nova rodada.

Regras e penalidades

É proibido dar pistas para ajudar o jogador do centro a sair do círculo.

Variações

1) Variar o número de saídas (uma ou três) e/ou aumentar ou reduzir a largura das aberturas.

2) Mudar a maneira como o jogador do centro se desloca: mãos atrás da cabeça, de costas, de quatro...

3) Depois que o jogador do centro colocar a venda, ele deve permanecer imóvel. É o círculo que vai girar para mudar a posição das saídas. Depois disso, o jogador do centro tentará sair.

APLICAÇÃO AO ENSINO

Etapa educacional: Do 3º ao 9º ano do Ensino Fundamental.

Habilidades desenvolvidas: Observação, memória visual e orientação espacial.

19 Procure os presentes

Número de jogadores: De 6 a 15.
Idade: De 6 a 12 anos.
Material: Diferentes objetos pequenos (bola de gude, apontador de lápis, borracha, brinquedinhos de plástico etc.) na mesma quantidade que os jogadores.

Descrição

Escolhe-se um dentre todos os participantes (sentados como desejarem), que recolhe todos os objetos ("presentes"). Depois, ele entrega um presente para cada um dos colegas, memorizando o que deu a cada um. Os colegas, assim que recebem os presentes, guardam-nos em seus bolsos ou sob a roupa, onde não possam ser vistos.

Após contarem até 25 em conjunto, o jogador que distribuiu os objetos começa a perguntar por determinado objeto a quem acredita tê-lo dado:

"Onde está sua..." (acrescentando o nome do objeto, p. ex., "bola de gude").
Se acertar, recolhe os presentes e os entrega a outro participante para iniciar
uma nova rodada. Se não se lembrar ou errar alguns, deve continuar até
acertar os presentes entregues ou até ter falhado três vezes, sendo eliminado
nesse caso.

Regras e penalidades

O mesmo tipo de presente pode ser dado a mais de um colega na mesma
rodada. Não vale dar pistas. Ninguém pode mudar de lugar depois da entrega dos presentes. Para nomear os objetos dados não é necessário seguir a
ordem em que eles foram entregues, basta acertar todos.

Variações

Para dificultar o jogo, o participante, depois de distribuir os presentes,
deixa o lugar onde acontece a brincadeira e, em seguida, seus colegas mu-
dam de lugar, conservando, contudo, o presente que lhes foi dado.

APLICAÇÃO AO ENSINO

Etapa educacional: Do 1º ao 7º ano do Ensino Fundamental.
Habilidades desenvolvidas: Observação e memória.

20 Encontre a sua cor

Número de jogadores: 8, 12, 16, 20...
Idade: De 6 a 14 anos.
Material: Cores distintas (lenços, cartolinas, fitas...).

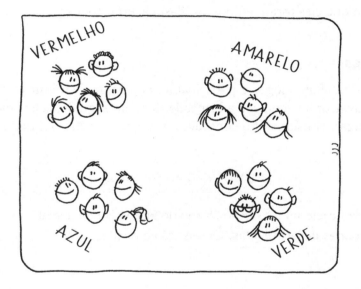

Descrição

Formam-se grupos de quatro jogadores e em um lugar visível coloca-se um emblema de cor diferente (p. ex., vermelho, amarelo, verde e azul) em cada um deles. Todos se sentam no chão.

O orientador passa a dar ordens diferentes sucessivamente:

1ª Já!: cada grupo deve formar um círculo, de mãos dadas.

2ª Andando!: devem começar a dar voltas.

3ª Agora!: todo mundo tem de se soltar, encontrar seus colegas de cor e sentar no chão de mãos dadas.

Ganha a equipe que terminar primeiro, e o jogo recomeça.

Regras e penalidades

Se um jogador ficar confuso com a realização da ordem dada, é eliminado junto com o seu parceiro ou parceiros de mesma cor. Também é eliminado quem iniciar uma ação antes da ordem ser dada.

O orientador do jogo pode dar várias ordens diferentes (correndo!, andando!...), mas os jogadores têm de obedecer exclusivamente às explicadas antes.

Variações

1) Aumentar ou reduzir o número de jogadores e/ou cores.

2) Mudar as ordens de vez em quando, inclusive num mesmo jogo. Incrementar as ordens e, por conseguinte, as tarefas a serem executadas pelos jogadores, como, por exemplo, "Joelhos!": os alunos devem se colocar nessa posição antes de formar o círculo; "Pintinhos!", andar de cócoras; "Cangurus!", deslocar-se pulando etc.

3) Após a última ordem, os jogadores têm de se agrupar segundo determinadas características das cores: todas as cores frias de um lado e as quentes do outro; ou as cores que têm a letra "a" no nome e as que não têm. Outra opção, quando se joga com mais cores, é agruparem-se em cores primárias e complementares.

APLICAÇÃO AO ENSINO

Etapa educacional: Do 1º ao 9º ano do Ensino Fundamental.

Habilidades desenvolvidas: Atenção, memória, velocidade de reação e estruturação espacial.

Interdisciplinaridade: Artes Plásticas.

Observações e sugestões: O número de ordens deve ser maior ou menor dependendo da idade dos envolvidos.

Com crianças mais velhas não é necessário colocar os emblemas de cores.

21 Encontre o mensageiro

Número de jogadores: De 12 a 30.
Idade: De 6 a 9 anos.
Material: Nenhum.

Descrição

O grupo inteiro senta-se em círculo, de mãos dadas. Um jogador vai para o centro e fecha os olhos. Enquanto isso, o orientador do jogo indica a um dos participantes sentados no círculo que inicie a mensagem, que consiste em apertar as mãos do colega da direita ou da esquerda, que repassarão o "apertão" para o próximo colega. O jogador do centro, já com os olhos abertos, tenta descobrir o jogador que está transmitindo o aperto de mão enquanto a mensagem circula. Se acertar, troca de lugar com o colega que foi descoberto. Se errar, repete sua tarefa duas ou três vezes antes de ser substituído por outro jogador.

Regras e penalidades

A cada volta completa da "mensagem", passando por todos os jogadores, aquele que iniciou o jogo pode mudar a direção dos apertões: esquerda ou direita. Os participantes devem apertar a mão do colega com a máxima discrição, sem qualquer tipo de sinal, para que o jogador do centro não perceba.

Variações

Usar um pequeno objeto que é passado de mão em mão, em vez do apertão. Os jogadores sentam-se todos lado a lado e o objeto é passado adiante, e os jogadores que não estão com o objeto podem simular que o estão passando.

APLICAÇÃO AO ENSINO

Etapa educacional: Do 1º ao 4º ano do Ensino Fundamental.
Habilidades desenvolvidas: Observação.

22 Encontre a bola às cegas

Número de jogadores: De 8 em diante.
Idade: De 6 a 12 anos.
Material: Uma bola e quatro lenços ou vendas para cobrir os olhos.

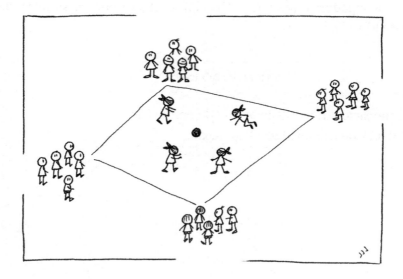

Descrição

Quatro grupos são formados, e eles devem ficar cada qual num canto da sala. O orientador do jogo posta-se no centro, com a bola na mão. Inicia-se a brincadeira com um jogador de cada equipe com os olhos vendados, tentando pegar a bola que o orientador deixou no chão. Os integrantes de cada grupo tentam direcionar seu colega vendado para a bola com palavras que eles possam reconhecer. Ganha a equipe que conseguir pegar a bola. O jogo é reiniciado com outros participantes de cada uma das equipes, e assim prossegue até que todos tenham passado pelo mesmo papel.

Regras e penalidades

Os integrantes que direcionam o colega vendado devem permanecer sentados e agrupados em seu canto correspondente. Eles não podem tocar na bola nem naqueles que a procuram.

Variações

1) Se contamos com uma sala maior, podemos usar várias bolas ao mesmo tempo e mais de um jogador por equipe para procurá-las.

2) Outra opção é que não se declare um vencedor até que o jogador que encontrou a bola a entregue a um dos colegas que estão sentados em seu respectivo canto.

APLICAÇÃO AO ENSINO

Etapa educacional: Do 1º ao 7º ano do Ensino Fundamental.

Habilidades desenvolvidas: Cooperação, sensibilidades auditiva e espacial.

23 Procurando uma cor

Número de jogadores: De 6 a 12.
Idade: De 8 a 14 anos.
Material: Nenhum.

Descrição

Os jogadores sentam-se em semicírculo. Na parte aberta, situa-se a pessoa que orienta o jogo. Ela começa dizendo:

– *O arco-íris me disse que perdeu a cor...* (diz uma cor) *e acha que quem está com ela é...* (diz o nome de um dos colegas).

O aluno citado deve responder rapidamente a uma destas duas opções, dependendo se traz ou não a cor em seu traje:

– *Sim, senhor, estou com ela. Mas...* (diz o nome de outro participante) *também está com ela.*

– *Não, senhor, eu não estou com ela, mas talvez...* (diz o nome de outro participante) *esteja com ela.*

O colega citado deve repetir a operação, e assim por diante até que alguém erre. Quando isso acontece, uma nova rodada começa.

Regras e penalidades

Considera-se erro o jogador dizer que não tem a cor quando na verdade a tem, ou dizer que tem a cor quando não a está usando.

Os jogadores devem responder rapidamente. Quem demorar muito, segundo o critério de quem orienta o jogo, perde.

Variações

A brincadeira pode ser feita com os jogadores tendo que responder o oposto da realidade, isto é, se estiverem usando a cor devem dizer "não", e se não a estiverem, devem dizer "sim".

APLICAÇÃO AO ENSINO

Etapa educacional: Do 3º ao 9º ano do Ensino Fundamental.

Habilidades desenvolvidas: Agilidade mental e atenção.

Interdisciplinaridade: Artes Plásticas e o ensino das cores para as crianças menores.

Observações e sugestões: A variação do jogo apresentada deve ser realizada com alunos mais velhos.

24 Cavalo-cego

Número de jogadores: De 6 a 30.
Idade: De 6 a 13 anos.
Material: Vendas para cobrir os olhos para metade dos participantes. Vários objetos que funcionem como obstáculos (os naturalmente existentes ao ar livre, os próprios de uma sala de aula com mesas e cadeiras, os de um ginásio desportivo...).

Descrição

Formam-se duplas, cujos integrantes posicionam-se um atrás do outro, sendo que o da frente é vendado e estende os braços para trás, enquanto o de trás o segura pelos pulsos. O jogador de trás tem de orientar o colega vendado, utilizando para isso sinais previamente combinados como, por exemplo, empurrar os pulsos para frente (andar em linha reta); puxar os pulsos para trás (parar); puxar o pulso direito lateralmente (ir para a direita); puxar o pulso esquerdo lateralmente (ir para a esquerda).

A um sinal do orientador do jogo, todos saem andando, tentando não esbarrar nos obstáculos nem nos colegas que se deslocam da mesma maneira. A dupla que bater em algo tem de parar. Ganha a dupla que restar sem esbarrar em nada; ou os últimos a conseguirem isso após um tempo fixado.

Após cada rodada, os papéis são invertidos.

Regras e penalidades

O trajeto é feito caminhando. Não é permitido estabelecer comunicação verbal.

Variações

1) A forma de deslocamento pode ser alterada, por exemplo: o participante vendado caminha de costas, anda de quatro, de lado...

2) Aquele que atua como guia se comunicará com o parceiro por meio de diferentes tipos de sinais: as mãos nos ombros, na cintura, com tapinhas suaves... indicando as diferentes direções.

3) Com participantes menores deve-se substituir a comunicação através do toque por comandos verbais: para frente, pare, para a direita...

APLICAÇÃO AO ENSINO

Etapa educacional: Do º ao 8º ano do Ensino Fundamental.
Habilidades desenvolvidas: Tato, cooperação e estruturação espacial.

25 Cadeia de sílabas

Número de jogadores: De 2 em diante.
Idade: De 8 a 14 anos.
Material: Nenhum.

Descrição

Seguindo-se uma ordem previamente estabelecida, um jogador começa dizendo uma palavra (p. ex., CAMISA). O próximo jogador tem de dizer uma nova palavra começando com a última sílaba da palavra anterior (p. ex., SA-LAMANDRA). E assim, sucessivamente, cada um dos participantes vai dizendo uma palavra obedecendo a essa lógica: DRÁCULA – LAGUNA – NATA – TAMANCO – COLIBRI..., até que algum erre.

Regras e penalidades

São considerados erros:
- Repetir uma palavra que já foi dita.
- Não dizer nada ou demorar muito tempo para fazê-lo.

Variações

1) Em vez da última sílaba, usar a última letra, como, por exemplo, DRÁCULA — ALICATE — ENGANO — OLHOS — SINAL...

2) Podem ser impostas certas limitações para complicar o jogo, tais como:

- Não valer palavras que contenham uma determinada letra.

- Excluir certas palavras, como as que se referem a coisas vermelhas (tomate, sangue, morango...), a coisas que tenham pernas (rato, mesa...), as que contenham menos de quatro letras (sol, pé, giz...) etc.

- Podem ser usadas palavras em inglês ou espanhol.

- As palavras podem ser limitadas a determinados universos, como, por exemplo, valerem apenas nomes de animais ou de pessoas, palavras relacionadas com a natureza, com profissões, com alimentos, ou com matérias, como Geografia e História.

APLICAÇÃO AO ENSINO

Etapa educacional: Do 3º ao 9º ano do Ensino Fundamental.

Habilidades desenvolvidas: Agilidade mental e vocabulário.

Interdisciplinaridade: Linguagem. E também outras matérias, desde que se imponham determinadas limitações.

26 Quanto pesa?

Número de jogadores: De 2 em diante.
Idade: De 8 a 15 anos.
Material: Uma balança de cozinha e/ou banheiro. Diferentes objetos que possam ser pesados.

Descrição

Entrega-se um objeto a um jogador. Depois de segurá-lo, o aluno tentará calcular o peso do objeto revelando sua estimativa em gramas ou quilos.

Regras e penalidades

Combina-se previamente uma margem de erro dentro da qual a resposta é considerada válida.

Variações

1) Dependendo da balança, os objetos podem ter tamanhos variados, desde um objeto pequeno, como um livro, até coisas grandes, como um baú ou uma pessoa.

2) O peso deve ser calculado sem ultrapassá-lo, ganhando quem chegar mais perto do peso exato.

3) A brincadeira é realizada com vários jogadores de uma vez, que anotam cada qual o peso que estimam. Vence aquele que mais se aproximar do peso real.

APLICAÇÃO AO ENSINO

Etapa educacional: Do 3º ano do Ensino Fundamental ao 1º ano do Ensino Médio.

Habilidades desenvolvidas: Sensorial.

Interdisciplinaridade: Matemática.

27 Caça ao som

Número de jogadores: De 10 a 25.
Idade: De 8 a 11 anos.
Material: Um objeto que possa produzir ruído (guizos, sinos etc.) e lenços para cobrir os olhos, um para cada jogador.

Descrição

Em uma área fechada (sala, ginásio...) e sem obstáculos todos os jogadores se distribuem livremente pelo espaço disponível com os olhos vendados. Um voluntário ou alguém indicado pelo orientador, sem ter os olhos vendados, desloca-se de quatro ao redor do espaço, fazendo soar o instrumento ruidoso. Os outros jogadores, guiando-se pelo som, devem caçar, tocando ou agarrando, aquele que faz barulho. Quem conseguir apanhá-lo, troca de lugar com o apanhado, que coloca a venda e passa a integrar o restante do grupo, para se começar uma nova rodada.

Regras e penalidades

Sempre que o jogador que faz barulho for apanhado, enquanto os papéis são trocados, os outros jogadores podem remover a venda dos olhos para descansar, iniciando-se novamente o jogo ao sinal do orientador.

Variações

1) Dois ou três jogadores podem produzir os ruídos, portando instrumentos diferentes e emitindo seus sons característicos. Se um deles for apanhado, o orientador dá um sinal para interromper o jogo, a fim de que a inversão de papéis seja efetuada.

2) Os caçadores são obrigados a se deslocar de determinada forma: caminhando, de quatro, rastejando...

3) No caso de serem os que têm os olhos vendados a se deslocar de quatro, quem produz os sons pode fazê-lo de pé (sem correr).

APLICAÇÃO AO ENSINO

Etapa educacional: Do 3º ao 6º ano do Ensino Fundamental.
Habilidades desenvolvidas: Atenção e estruturação espaçotemporal.

28 Comendo às cegas

Número de jogadores: De 2 a 10.
Idade: De 5 a 9 anos.
Material: Uma corda, linha ou fio longo, venda de pano (uma por participante), pequenos itens comestíveis (cerejas, caramelos, balas...).

Descrição

A corda é estendida ao longo do espaço de jogo a uma distância variável do chão, dependendo da altura dos participantes (aproximadamente a uns 180cm). Da mesma forma, os fios são amarrados e dependurados, separados por cerca de 50cm entre si, com o item comestível preso à sua extremidade.

Os participantes estão com uma venda nos olhos e as mãos atrás das costas. Em seguida, o orientador do jogo os coloca na frente de cada um dos itens comestíveis, a um metro e meio de distância. Ao sinal combinado

("Já!"), os participantes devem tentar se aproximar, localizar a guloseima e comê-la.

Ganha o primeiro que conseguir fazer isso.

Regras e penalidades

Não é permitido usar as mãos nem empurrar ou perturbar os colegas.

Não é permitido comer os doces de outro participante. Para ajudar os jogadores a encontrar o seu próprio doce, os que não participam do jogo devem se dirigir verbalmente aos colegas que o fazem.

Variações

1) Podem ser pendurados mais de dois itens comestíveis e situá-los em torno de um grupo com o número de participantes igual ou superior à quantidade de doces. Ao sinal, todos tentam comer algum, vencendo o primeiro que conseguir.

2) Dividir os alunos em duas equipes, com uma corda para cada uma e o mesmo número de doces pendurados. Vence a equipe que primeiro comer todas as suas guloseimas ou, após um determinado tempo, a que tiver menos doces restando.

3) Os jogadores poderão participar sem vendas e de olhos abertos, mas o orientador moverá a corda ligeiramente.

APLICAÇÃO AO ENSINO

Etapa educacional: Da Pré-escola ao 4º ano do Ensino Fundamental.

Habilidades desenvolvidas: Estruturação espacial e sensorial.

Interdisciplinaridade: Conhecimentos gerais (alimentos).

Comentários e sugestões: A participação pode ser maior dependendo do espaço.

29 Quando eu viajo...

Número de jogadores: De 2 a 25.
Idade: De 8 a 14 anos.
Material: Nenhum.

Descrição

Os jogadores distribuem-se livremente pelo espaço de jogo e uma ordem de participação é estabelecida. O primeiro participante diz: "Quando eu viajar levarei...", completando a frase com algo que possa ser levado numa viagem e que começa com a letra A, por exemplo, "anel". O próximo jogador repete a frase, mas o item escolhido deve começar com a letra B, como "boné". O jogo prossegue assim com todos os participantes: C (calça), D (doce), E (esponja), e assim por diante.

Regras e penalidades

Antes do início da brincadeira, estipula-se o tempo máximo (cerca de 15 segundos) que cada um terá para dizer a palavra da letra que lhe cabe.

Quem excede o tempo ou comete um engano, passa sua vez para o próximo jogador.

Variações

Dificultar o jogo incluindo na frase termos que limitem o universo de escolhas: "Quando eu viajar levarei na mala..." (álcool gel, blusa, camiseta...); "Quando eu viajar comprarei no supermercado..." (água mineral, botas, caramelos...); "Quando eu viajar visitarei..." (Alemanha, Bruxelas, Cádiz...); "Quando eu viajar e fizer o safári eu vou ver..." (avestruzes, búfalos, chitas...).

APLICAÇÃO AO ENSINO

Etapa educacional: Do 3º ao 9º ano do Ensino Fundamental.

Habilidades desenvolvidas: Atenção e memória.

Interdisciplinaridade: Linguagem. Esta brincadeira pode servir de suporte para outras áreas desde que se restrinjam os temas, com alguma das propostas sugeridas nas variações.

---

30 Conte o que aconteceu

Número de jogadores: De 5 a 25.
Idade: De 6 a 12 anos.
Material: Nenhum.

Descrição

O orientador do jogo começa uma história.

Por exemplo: "Era uma vez um menino que queria viajar pelo mundo. Um dia, uma galinha escapou e ele correu atrás dela por horas, até que finalmente a pegou, mas quando ele percebeu que estava longe de casa..."

Em seguida, o orientador aponta para um dos participantes e pergunta: "O que aconteceu?" O aluno escolhido deve continuar contando a história, inventando-a até que seja interrompido pelo orientador, que indica um novo jogador, ao qual fará a mesma pergunta. E o jogo segue assim até que um dos participantes selecionados não consegue continuar a história ou demora muito para expressar sua ideia.

Regras e penalidades

Os demais colegas devem permanecer em silêncio durante a narração. Os alunos devem evitar repetir ideias já expressas por outros.

Variações

1) O orientador pode complicar o jogo com uma pergunta mais específica, aprofundando algo que foi narrado ou introduzindo novos elementos a cada aluno escolhido: "O que aconteceu com a galinha?", "O que aconteceu com o boné do menino?", "O que aconteceu à noite?", "O que ele encontrou no caminho?" etc.

2) Aumentar a dificuldade não permitindo o uso de certas palavras nas narrativas, como, por exemplo: "criança", "então", "animal", "depois" etc.

APLICAÇÃO AO ENSINO

Etapa educacional: Do 1º ao 7º ano do Ensino Fundamental.

Habilidades desenvolvidas: Criatividade, imaginação e agilidade mental.

Interdisciplinaridade: Linguagem.

Comentários e sugestões: É interessante gravar as histórias para serem ouvidas novamente depois ou transcrevê-las para leitura individual.

A última variação é interessante para se trabalhar a eliminação de "muletas verbais".

31 Da terra, do mar ou do ar

Número de jogadores: De 8 a 25, aproximadamente.
Idade: De 6 a 12 anos.
Material: Uma bola ou objeto semelhante.

Descrição

Um aluno será escolhido aleatoriamente para conduzir o jogo. Ele irá jogar a bola para um dos demais participantes, dispostos no espaço de forma previamente combinada, enquanto diz uma das palavras que dão nome ao jogo: "Terra!", "Mar!" ou "Ar!" Quem recebe a bola tem de devolvê-la para quem a lançou, ao mesmo tempo em que fala o nome de um animal que se desloque nesse ambiente (terra: cão, leão, coelho...; mar: tubarão, baleia, caranguejo...; ar: águia, morcego, canário...).

Regras e penalidades

São consideradas infrações: não dizer nada, levar muito tempo para responder ou equivocar-se ao citar um animal que não corresponda ao grupo pedido.

Dependendo do número de participantes, o orientador pode eliminar os jogadores que cometam alguma infração, ou jogar marcando pontos. Nesse último caso, todos os participantes começam com 10 pontos, e quando alguém nomeia um animal corretamente ganha um ponto; caso contrário, perde um ponto.

Variações

1) Para facilitar o início do jogo, dependendo da motricidade dos participantes, não usar a bola, deixá-la de lado e simplesmente apontar para o aluno que deve responder.

2) O conjunto inicial de participantes pode variar de acordo com o espaço de jogo, ou o maior ou menor nível de esforço que é exigido dos jogadores (sentados em cadeiras, de pé, afastados uns dos outros...). Há também a opção de complicar mais as ações (p. ex., todos sentados, e quem recebe a bola tem de levantar, dar um passo à frente...).

3) Podemos complicar a brincadeira usando, em vez de animais, outros grupos: materiais (de madeira, metal ou plástico); cores (objetos vermelhos, amarelos ou verdes); personalidades (pintores, escritores ou atletas).

APLICAÇÃO AO ENSINO

Etapa educacional: Do 1º ao 7º ano do Ensino Fundamental.

Habilidades desenvolvidas: Atenção e agilidade mental.

Interdisciplinaridade: Conforme as variações e grupos-alvo, diferentes temas de conhecimentos gerais.

32 Descubra o que falta

Número de jogadores: De 10 a 30.
Idade: De 6 a 13 anos.
Material: Uma venda para cobrir os olhos de um jogador.

Descrição

Todos os jogadores de mãos dadas formam um círculo. Um aluno fica no meio da roda. Ele procura memorizar a posição de cada colega no círculo. Em seguida, cobre os olhos. O orientador indica que a roda gire para a direita ou para a esquerda. Os alunos devem se deslocar sem soltar as mãos. Quando o orientador ordena "Alto!", o círculo deixa de girar e ele indica dois alunos para que troquem suas posições. Eles devem fazer isso com o mínimo de barulho possível. O orientador volta a ordenar a movimentação do círculo e depois comanda novamente "Alto!", para que os alunos parem de girar. O jogador do centro remove a venda e observa os colegas do círculo. Ele tem de descobrir quem mudou de posição. Se errar, tenta mais uma vez; se acertar, indica um dos jogadores que mudaram de posição para substituí-lo no centro da roda, iniciando-se o jogo novamente.

Regras e penalidades

Os alunos não podem dar pistas ou sinais para o jogador que está com os olhos vendados.

Variações

1) Aumentar o número de jogadores que trocam de lugar, e o jogador do centro da roda tem de especificar todas as alterações.

2) Além da mudança de posição dos jogadores indicados pelo orientador, os alunos do círculo posicionam-se de costas para o jogador do meio da roda. Essa opção aumenta a dificuldade para ele, já que precisa reconhecer a troca sem ver os rostos dos colegas.

APLICAÇÃO AO ENSINO

Etapa educacional: Do 1º ao 8º ano do Ensino Fundamental.
Habilidades desenvolvidas: Auditiva e espacial, e memória.

33 Descubra a verdade

Número de jogadores: De 12 a 30.
Idade: De 6 a 11 anos.
Material: Nenhum.

Descrição

Todos sentam-se em círculo, com exceção de três que ficam de pé, no centro. Estes giram lentamente para serem observados por todos os jogadores até o orientador do jogo sinalizar o início. Então, todos do círculo se levantam e viram-se de costas para os três colegas que estão no centro. O orientador diz em voz alta três frases, duas falsas e uma verdadeira, referindo-se pelo nome aos três alunos do centro da roda (p. ex.: "É verdade que Maria está usando um lenço vermelho?"; "É verdade que Francisco está de tênis?"; "É verdade que Vítor usa um brinco?"). Aqueles que acham que sabem a resposta levantam a mão e o orientador indica a ordem de quem deve responder primeiro. Se o escolhido acertar todas as três perguntas, torna-se um dos três no centro do círculo na próxima rodada. Se errar, o orientador designa outro jogador para responder. Quando já houver três alunos que responderam corretamente, eles passam para o centro da roda e o jogo reinicia conforme o relatado.

Regras e penalidades

Os jogadores do círculo não podem olhar para os três do centro depois que o orientador começar a dizer as três frases.

Para ser um dos elementos do trio central o jogador precisa responder corretamente todas as três perguntas, não vale acertar uma ou duas apenas.

Variações

Alterar o número de jogadores no centro da roda e/ou o número de perguntas verdadeiras ou falsas.

APLICAÇÃO AO ENSINO

Etapa educacional: Do 1º ao 6º ano do Ensino Fundamental.

Habilidades desenvolvidas: Observação e memória visual.

Interdisciplinaridade: Linguagem.

Comentários e sugestões: O recurso de ampliar o grau de dificuldade, aumentando-se o número de jogadores no centro e/ou o número de frases verdadeiras e falsas, deve ser usado com crianças mais velhas.

34 Quantos fazem barulho?

Número de jogadores: De 10 a 30.
Idade: De 6 a 11 anos.
Material: Uma venda para tapar os olhos.

Descrição

Um dos participantes, escolhido aleatoriamente, deixa o espaço de jogo por indicação do orientador. Em seguida, o orientador determina quantos alunos (3, 5, 8...) e quais dentre eles irão produzir os diferentes ruídos (assovios, bater palmas, bater o pé no chão com força, onomatopeias, estalar de dedos...). Depois disso, o aluno que saiu do espaço de jogo retorna e, com os olhos vendados, terá de adivinhar quantos são os colegas que estão emitindo os sons.

Regras e penalidades

Os jogadores que estão produzindo os sons não podem alterá-los na mesma rodada. Todos os ruídos devem ser claramente distintos.

O aluno com os olhos vendados pode circular pelo espaço de jogo, mas não pode tocar em ninguém.

Variações

Todos os jogadores designados para produzir sons emitem o mesmo ruído, e o aluno vendado, da mesma forma, precisa adivinhar quantos são os colegas que o fazem.

APLICAÇÃO AO ENSINO

Etapa educacional: Do 1º ao 6º ano do Ensino Fundamental.

Habilidades desenvolvidas: Sensorial e discriminação auditiva.

Comentários e sugestões: A variação pressupõe maior complexidade ao fazer com que o aluno que adivinha o número de colegas que produzem o ruído o faça guiando-se pelos diferentes tons de um mesmo tipo de som.

35 Diga-me quanto mede

Número de jogadores: De 2 a 5.
Idade: De 8 a 12 anos.
Material: Uma régua e/ou um metro. Diversos objetos que estejam à mão. Lápis e papel.

Descrição

Os jogadores definem uma rodada de participação. Os colegas apresentam ao primeiro participante a jogar três coisas que tenham próximo a eles (p. ex., uma folha de papel, um lápis, uma caixa, uma mão, um livro etc.), delimitando em cada uma delas dois pontos e perguntando-lhe: "Quanto isso mede?"

O jogador escolhido para a tarefa, sem a ajuda de qualquer tipo de régua, tem de estimar e dizer quanto acha que mede a parte delimitada de cada um dos objetos. Depois, é feita a medição com a régua e anotam-se os centímetros que faltaram para a medida exata em cada um dos itens. Em seguida, outros participantes, um de cada vez, repetem o jogo, enquanto objetos diferentes vão substituindo os anteriores.

Terminadas as rodadas previamente estabelecidas (entre 3 e 6), são somados os erros de cada jogador, vencendo aquele cujo número total for mais baixo.

Regras e penalidades

Embora o uso de régua não seja permitido, a não ser para se fazer a posterior comprovação, pode-se combinar previamente a utilização de medidas corporais nas estimativas (dedos, palma...), que o participante já deve saber sobre si mesmo, de antemão.

Variações

1) O jogo pode ser feito com objetos pequenos, usando-se uma régua para a apuração, ou com objetos grandes (cabo de um esfregão, lajota do piso, perna de uma mesa, largura de uma porta...), usando-se um metro ou uma trena.

2) Com crianças maiores, outra possibilidade é apresentar mais de um objeto ao jogador da vez, que deve calcular a soma dos espaços delimitados pelos pontos.

APLICAÇÃO AO ENSINO

Etapa educacional: Do 3º ao 7º ano do Ensino Fundamental.
Habilidades desenvolvidas: Estruturação espacial.
Interdisciplinaridade: Matemática.

36 Quem se esconde?

Número de jogadores: De 15 a 30.
Idade: De 6 a 9 anos.
Material: Um cobertor, colchonetes... (qualquer coisa que sirva para esconder uma pessoa). Vendas para cobrir os olhos, uma para cada jogador.

Descrição

Todos os jogadores se espalham livremente pelo espaço de jogo, vendados. O orientador forma uma fila de forma aleatória, ajudando os alunos a se encontrarem e darem-se as mãos. Uma vez formada a fila, o orientador coloca-se em primeiro lugar. Em certo momento, ele indica à fila que pare de caminhar e escolhe um determinado aluno, que retira a venda dos olhos e se mete debaixo do cobertor que está no chão. A um novo sinal do orientador, todos os jogadores retiram suas vendas e, depois de olharem para os demais colegas, levantam as mãos aqueles que julgam saber quem está escondido. O orientador indica um deles para dizer o nome daquele que está faltando no grupo. Se o aluno acertar, inicia-se uma nova rodada com o mesmo procedimento descrito. Se errar, o orientador chama outro para responder, e assim sucessivamente até alguém acertar.

Regras e penalidades

Assim que vendarem os olhos, os alunos não podem mais falar nem expressar quaisquer sinais que os façam ser reconhecidos dentro do grupo.

O participante que fica escondido pode fazê-lo em qualquer posição (de bruços, acocorado, posição fetal...).

Variações

Esconder debaixo do cobertor dois ou três jogadores quando o número de alunos for grande.

APLICAÇÃO AO ENSINO

Etapa educacional: Do 1º ao 4º ano do Ensino Fundamental.

Habilidades desenvolvidas: Observação e memória.

Observações e sugestões: Se não tiver à mão um cobertor ou similar, o orientador pode fazer o escolhido sair da sala para se esconder.

Jogo muito útil para o início de grupos em fase de conhecimento.

37 O acusado e seu advogado

Número de jogadores: De 8 a 25.
Idade: De 8 a 14 anos.
Material: Nenhum.

Descrição

Os participantes sentam-se em semicírculo e o orientador do jogo coloca-se diante deles. Ele começa formulando uma pergunta a um jogador ("o acusado") como, por exemplo: "Quantos anos você tem?" O interrogado deverá permanecer em silêncio, sendo o colega à sua direita ("o advogado") quem responderá rapidamente. O jogo prossegue assim, indicando-se um novo participante por vez.

Regras e penalidades

Perde o acusado que responder à pergunta ou o advogado que não disser nada ou demorar muito para fazê-lo.

Qualquer resposta vale, mesmo que seja uma besteira, o objetivo é responder.

Variações

Mudar a posição do advogado: o colega à esquerda, três posições à direita etc.

APLICAÇÃO AO ENSINO

Etapa educacional: Do 3º ao 9º ano do Ensino Fundamental.

Habilidades desenvolvidas: Agilidade mental.

Interdisciplinaridade: Linguagem.

Comentários e sugestões: As perguntas devem ser feitas com fluência e rapidez, pois, quanto mais veloz o exercício, maior a sua dificuldade.

38 A quitanda do meu pai

Número de jogadores: De 6 a 25.
Idade: De 5 a 12 anos.
Material: Nenhum.

Descrição

Os participantes sentam-se em círculo e um fica de pé no centro. O orientador do jogo indica o que a quitanda vende, por exemplo, frutas, e, depois, combina baixinho com o jogador do centro a fruta escolhida. Então, o jogador do centro pergunta a um colega do círculo:

– Que fruta tem na quitanda do meu pai?

Em seguida, o participante escolhido deve responder. Se acertar, troca de lugar com o jogador do centro e combina em segredo outra fruta com o orientador, iniciando-se outra rodada. Se errar, é a vez do colega à sua esquerda responder, e assim sucessivamente até alguém acertar.

Regras e penalidades

Não é permitido dar pistas. A fruta combinada só pode ser do conhecimento do orientador e do aluno que está no meio da roda. Quando alguém acertar e o jogo recomeçar, as perguntas devem iniciar no jogador onde terminou a rodada anterior.

Variações

1) Os tipos de estabelecimentos podem variar; por exemplo, de comestíveis, vestuário, material esportivo; ou o próprio universo também pode variar para nomes de cidades, personagens famosos etc.

2) Em alguns casos de maior dificuldade é permitido dar pistas por meio de gestos ou mímica.

APLICAÇÃO AO ENSINO

Etapa educacional: Da Pré-escola ao 7º ano do Ensino Fundamental.

Habilidades desenvolvidas: Capacidade de atenção e memória.

Interdisciplinaridade: Linguagem, conhecimentos gerais e qualquer outra matéria relacionada com os objetos listados.

Comentários e sugestões: Convém lembrar aos jogadores que eles não podem repetir os nomes citados, e, por isso, devem prestar muita atenção no jogo.

O orientador pode complicar o jogo introduzindo nas listas materiais mais sofisticados como ferramentas de um determinado ofício, utensílios de cozinha etc.; de qualquer modo, esses materiais devem estar em conformidade com a idade dos jogadores.

39 O aperto de mãos

Número de jogadores: De 12 a 30, sempre em número par.
Idade: De 8 a 13 anos.
Material: Nenhum.

Descrição

Formam-se dois grupos de igual número de jogadores. Todos de um mesmo grupo se dão as mãos formando uma fileira e os "cabeças", ou seja, os primeiros de cada grupo, dão a mão para o orientador do jogo. Então, em determinado momento, o orientador pressiona as mãos dos "cabeças" ao mesmo tempo; os "cabeças" transmitem o aperto para o próximo jogador de seu respectivo grupo tão logo o sintam, enquanto erguem a mão que foi apertada, e assim sucessivamente, até o aperto na mão chegar ao último do grupo, que ergue o braço livre ao senti-lo. O objetivo é que se transmita o aperto de mão o mais rápido possível.

Regras e penalidades

O aluno só pode pressionar a mão do colega seguinte depois de ter sentido o aperto em sua própria. Se alguém levanta a mão antes de sentir o aperto, seu grupo é eliminado.

Variações

1) Aumentar o número de apertos de mão para 2, 3... antes de transmiti-los ao colega seguinte.

2) Ida e volta: em cada fileira, o aperto de mão tem de ir do "cabeça" ao último da fileira e voltar.

3) A posição de partida do jogo pode variar, como por exemplo: os grupos sentados no chão, em cadeiras na sala de aula, em círculo... Também o movimento a ser realizado ao receber a pressão pode variar: ficar de pé, endireitar o tronco ou a cabeça a partir de uma posição inclinada, dar um pequeno passo para frente ou para trás...

4) Outra opção é a de não realizar nenhum tipo de movimento ao receber o aperto de mão.

APLICAÇÃO AO ENSINO

Etapa educacional: Do 3º ao 8º ano do Ensino Fundamental.

Habilidades desenvolvidas: Tato e capacidade de reação.

Comentários e sugestões: Se o número de jogadores for ímpar, um deles pode exercer a função de orientar o jogo.

Na variação em que não há movimento e não podemos perceber trapaças, temos que confiar na responsabilidade dos jogadores, o que favorece o jogo limpo.

40 Caminho encantado

Número de jogadores: De 2 a 12.
Idade: De 6 a 11 anos.
Material: Cones ou outros objetos que sirvam para assinalar um caminho. Venda para os olhos, uma por equipe.

Descrição

No espaço de jogo, demarca-se com cones um trajeto sinuoso e mais ou menos estreito. Os participantes se dividem em duas equipes. Os integrantes de cada uma se reúnem de forma privada e combinam entre si como indicarão os sinais: direita, esquerda, para trás, em frente, designando uma palavra diferente para cada movimento (p. ex., "macaco" significando direita, "cachorro" significando esquerda...). Quando o orientador indicar o início do jogo, um integrante de cada equipe, vendado, posiciona-se no ponto de partida. Ao sinal de "Já!" do orientador, eles partem para completar o trajeto, seguindo as indicações dos colegas de sua própria equipe, segundo as palavras previamente combinadas. Ganha quem primeiro chegar ao fim do percurso sem derrubar nenhum cone ou outros objetos que delimitem o caminho. Em seguida, os papéis vão sendo trocados de forma que todos percorram o trajeto.

Regras e penalidades

As equipes devem manter em segredo o movimento designado por cada palavra.

São considerados vencedores tanto o jogador que ganha cada corrida individual como a equipe cujos integrantes derrubarem menos objetos.

Variações

Todos os jogadores partem de uma pontuação inicial (10). Aos diversos objetos que delimitam o caminho são atribuídos diferentes pontos. Cada vez que um dos participantes toca um dos objetos, o ponto atribuído ao objeto é deduzido de sua pontuação inicial. A soma total da pontuação final de todos os integrantes de cada equipe determina qual foi a vencedora.

APLICAÇÃO AO ENSINO

Etapa educacional: Do º ao 6º ano do Ensino Fundamental.
Habilidades desenvolvidas: Sensorial, cooperação e memória.

41 Agarre-me se puder

Número de jogadores: De 6 a 18.
Idade: De 6 a 12 anos.
Material: Uma venda para os olhos.

Descrição

Os participantes se organizam em círculo e se numeram. Um dos jogadores, escolhido pelo orientador do jogo, fica de pé no centro, com os olhos vendados. Ele diz em voz alta dois números dentre os que foram atribuídos aos colegas. Os alunos citados têm de entrar no círculo e trocar suas posições, de forma silenciosa, para que não sejam agarrados pelo aluno vendado. Se alcançarem o objetivo sem serem agarrados, batem a mão em um colega próximo e voltam à posição original. Se ambos têm sucesso, batem palmas uma vez. O aluno vendado volta a chamar novos números, e assim sucessivamente. Se conseguir tocar ou agarrar um colega dentro do círculo, ele é substituído por outro aluno e uma nova rodada tem início.

Regras e penalidades

Os participantes que estão no círculo não podem dar pistas ao aluno vendado, devem ficar em silêncio e apenas se ele estiver saindo dos limites do círculo podem alertá-lo para que permaneça dentro dele.

Os dois jogadores não podem correr dentro do círculo; eles têm de se deslocar caminhando e em silêncio.

Variações

1) Colocar dois alunos vendados no centro do círculo, decidindo previamente qual dos dois irá chamar o primeiro número, para que seu colega chame o segundo depois.

2) Mudar a forma de deslocamento, imitando animais: andando de quatro (cachorro), de lado (caranguejo), de frente (avestruz), de cócoras (macaco), saltando com os pés juntos (canguru)...

APLICAÇÃO AO ENSINO

Etapa educacional: Do 1º ao 7º ano do Ensino Fundamental.

Habilidades desenvolvidas: Audição e orientação espacial.

Interdisciplinaridade: Conhecimentos gerais na última variação.

42 O cego e a estátua

Número de jogadores: A partir de 2, em duplas.
Idade: De 6 a 12 anos.
Material: Uma venda para os olhos por dupla.

Descrição

Os jogadores se dividem em duplas, um de frente para o outro. Em cada dupla, um dos jogadores coloca a venda ("o cego") e, a seguir, o seu colega ("a estátua") se coloca em uma pose bem complicada (p. ex., de joelhos com um braço nas costas e o outro sobre a cabeça). Depois, o aluno vendado se aproxima da "estátua" e tenta descobrir, por meio do tato, a posição em que ela se encontra. Quando achar que já sabe, imita a pose do colega o mais semelhante possível.

Se conseguir, invertem-se os papéis. Se não, cada qual permanece com o papel do início.

Regras e penalidades

A própria dupla determinará se a pose adotada pelo aluno vendado está correta. Em caso de não chegarem a um acordo, quem decide é o orientador do jogo.

Variações

1) O jogo pode ser feito de forma que um aluno seja a estátua enquanto outros três ou quatro colegas vendados a toquem ao mesmo tempo. Vence o primeiro que conseguir reproduzir a pose acertadamente.

2) Identificar posições de detalhes, tais como: colocação dos dedos ou expressão do rosto.

APLICAÇÃO AO ENSINO

Etapa educacional: Do 1º ao 7º ano do Ensino Fundamental.

Habilidades desenvolvidas: Memória, tato (aluno vendado) e criatividade ("estátua").

Comentários e sugestões: A estátua, dependendo da pose que adote, pode desenvolver a capacidade de flexibilidade, equilíbrio, força...

---

43 O cego e seu guia

Número de jogadores: De 2 em diante.
Idade: De 6 a 11 anos.
Material: Venda para tapar os olhos (uma para cada dupla).

Descrição

Em duplas, o aluno com os olhos vendados será o "cego" e o outro, seu "guia". Esse último terá de caminhar ao lado do colega vendado, conversando com ele. O "cego" deverá guiar-se pelo som da voz do colega que fala e se mantém sempre ao seu lado.

Regras e penalidades

A dupla não pode ir de mãos dadas nem se tocar. O guia tem de caminhar a passos moderados.

Variações

1) Modificar o número de duplas que atuem ao mesmo tempo. Mudar a posição da dupla, de modo que o aluno vendado caminhe atrás do colega que o guia.

2) Formam-se trios: o cego e dois guias. Um dos guias se posiciona diante do cego, a uns passos de distância. O segundo guia vai em silêncio até que se mete entre os dois colegas, momento em que começa a falar e o outro se cala, deixando de orientar o cego até que volte a assumir o papel de guia.

APLICAÇÃO AO ENSINO

Etapa educacional: Do 1º ao 6º ano do Ensino Fundamental.

Habilidades desenvolvidas: Audição.

Comentários e sugestões: A última variação, devido à sua complexidade, deve ser realizada com jogadores mais velhos.

44 O cego, seu guia e as interferências

Número de jogadores: A partir de 5.
Idade: De 6 a 11 anos.
Material: Uma venda para cobrir os olhos.

Descrição

Os jogadores atuam em grupos de cinco. Um deles ficará com o papel de "cego", outro o de "guia" e o restante serão as "interferências". O cego deverá sair de um ponto de partida para chegar a outro ponto previamente determinado, seguindo as indicações que o guia lhe vai dando (à direita, à esquerda, pare...), e que são combinadas de antemão. Os demais têm de lhe dar instruções falsas, tentando confundi-lo. O cego tentará discernir as vozes e identificar as orientações de seu guia, obedecendo-o para alcançar a meta.

Regras e penalidades

É permitido que os alunos "interferências" modifiquem a voz. Ninguém pode gritar. O cego não pode tocar ninguém.

Variações

Aumentar ou diminuir o número de colegas que fazem as interferências.

APLICAÇÃO AO ENSINO

Etapa educacional: Do 1º ao 6º ano do Ensino Fundamental.

Habilidades desenvolvidas: Sensorial, e discriminação auditiva.

45 O lobo e as ovelhas

Número de jogadores: De 15 em diante.
Idade: De 6 a 12 anos.
Material: Venda para cobrir os olhos.

Descrição

Um jogador fazendo o papel de lobo e outros cinco, o de ovelhas, colocam-se no meio do círculo formado pelos demais alunos. O jogador que faz o lobo fica vendado. O jogo começa com o lobo tentando tocar as ovelhas, que se movimentam livremente dentro do círculo. Quando o lobo uiva, as ovelhas devem responder balindo, o que acaba orientando o lobo quanto à posição em que se encontram. Quem for tocado volta a integrar o círculo, até que só reste uma ovelha, que passa a ser o lobo.

Se depois de um tempo combinado de antemão ainda restarem ovelhas sem serem tocadas, o orientador do jogo dá os papéis a novos participantes, iniciando-se uma nova rodada.

Regras e penalidades

Vai para o círculo formado pelos demais colegas a "ovelha" que seja tocada ou roçada pelo lobo. Os que integram o círculo não podem dar pistas ao lobo, apenas devem cuidar para que ele não saia de dentro do círculo. A ovelha que não responder com um balido ao lobo quando ele uivar será eliminada.

Variações

1) Mudar o número de lobos, por exemplo, dois ou três, e o de ovelhas de acordo com o total de jogadores que formam o círculo.

2) Os jogadores devem se deslocar como os animais, de quatro. Os animais também podem ser substituídos, para que haja outras formas de deslocamento; como, por exemplo, serpentes e águias, minhocas e galinhas, moscas e aranhas etc. A forma de deslocamento é determinada de acordo com os pares de animais.

APLICAÇÃO AO ENSINO

Etapa educacional: Do 1º ao 7º ano do Ensino Fundamental.

Habilidades desenvolvidas: Audição e capacidade de reação. Imitação e expressão corporal.

Interdisciplinaridade: Conhecimentos gerais, mudando-se frequentemente os protagonistas como presa/predador: "antílope e guepardo", "traça e morcego"...

46 O local proibido

Número de jogadores: De 5 a 24.
Idade: De 8 a 13 anos.
Material: Aparelho de som.

Descrição

Todos os participantes se espalham pela sala. O orientador do jogo escolhe secretamente, sem que os jogadores conheçam, uma zona ou local proibido (p. ex., atrás de uma cadeira, na região do encontro de duas paredes, perto da porta etc.). O orientador coloca uma música para tocar e todos se movimentam pelo espaço de jogo, dançando... Quando alguém passa pelo local proibido, o orientador interrompe a música e todos congelam no lugar, bancando estátuas. Quando a música recomeça, os alunos voltam a circular e o orientador para outra vez o som quando alguém invade novamente o local proibido. E assim sucessivamente, até que um jogador ergue a mão e diz qual é o tal lugar. Se acertar, ganha um ponto. O orientador volta a escolher outro local proibido e inicia-se uma nova rodada.

Regras e penalidades

Os jogadores não podem trocar ideias sobre qual possa ser a zona escolhida pelo orientador. Se alguém indica o local e não é o correto, não pode voltar a tentar na mesma rodada, só na próxima.

Os locais proibidos podem repetir-se quantas vezes decidir o orientador.

Variações

O orientador pode espalhar bambolês por todo o espaço de jogo e escolher secretamente um deles como local proibido. Os participantes têm de se deslocar pelo espaço pisando dentro e fora dos bambolês. O mecanismo do jogo, a partir daqui, é o explicado anteriormente.

APLICAÇÃO AO ENSINO

Etapa educacional: Do 3º ao 8º ano do Ensino Fundamental.

Habilidades desenvolvidas: Observação visual e auditiva, e orientação espacial.

Interdisciplinaridade: Música.

47 O modelo e seu espelho

Número de jogadores: De 2 a 25.
Idade: De 6 a 12 anos.
Material: Nenhum.

Descrição

O orientador do jogo escolhe um dos participantes para que seja "o modelo". Um colega ou mais colegas ficam diante dele. O primeiro fingirá que está diante de um espelho e realizará vários movimentos simples e lentos (tocar a cabeça, piscar um olho, levantar um braço, abrir a boca...). Os que estão em frente dele fazem de conta que são seu "espelho", tentando imitar os tais movimentos.

Regras e penalidades

Quem se equivocar na imitação é eliminado. Fixa-se um tempo de atuação para os modelos (1 ou 2 minutos). Transcorrido esse tempo, contam-se os eliminados e o papel de modelo passa para outro jogador. Vence o modelo que conseguir eliminar mais "espelhos".

Variações

Vetar determinados movimentos do modelo; por exemplo, não poder mover o braço direito, abrir a boca, ficar de pé etc. Se o modelo realizar algum dos movimentos proibidos, é eliminado e seu papel vai para outro aluno.

APLICAÇÃO AO ENSINO

Etapa educacional: Do 1º ao 7º ano do Ensino Fundamental.

Habilidades desenvolvidas: Expressão corporal.

Observações e sugestões: O jogo pode ser praticado com os jogadores tanto sentados como de pé, com deslocamentos ou sem.

Com crianças menores, o modelo será o próprio orientador, cabendo aos participantes atuar somente como espelhos, sem que ninguém seja eliminado.

48 O objeto perdido

Número de jogadores: De 4 a 25.
Idade: De 6 a 11 anos.
Material: Dez ou mais objetos pequenos (bola de gude, chave, lápis, apontador...).

Descrição

O orientador do jogo coloca objetos em cima de uma mesa ou no chão e dá dois minutos para que os jogadores os observem. Em seguida, todos se viram de costas para os objetos e o orientador retira um deles, guardando-o para que ninguém o veja. Ao sinal do orientador, os participantes voltam à posição inicial. Observam novamente os objetos e erguem a mão quando acharem que sabem qual está faltando. Seguindo a ordem dos que primeiro ergueram a mão, o orientador pergunta: "Qual é o objeto perdido?"

Se o jogador acerta, ganha um ponto; se erra, perde um ponto. O orientador muda a posição dos objetos e uma nova rodada é iniciada. Ganha o participante que obtiver maior pontuação.

Regras e penalidades

De vez em quando é necessário trocar todos ou alguns dos pequenos objetos.

Se alguém falar sem autorização do orientador, perde um ponto.

Variações

1) Modificar o número de objetos expostos aos participantes e também o número de objetos que o orientador retira (p. ex., até 3).

2) Todos os jogadores atuam ao mesmo tempo, munidos de lápis e papel, escrevendo os objetos que faltam em um determinado tempo combinado previamente. Anotam-se os pontos dos que acertam.

3) O orientador retira um dos objetos e o substitui por outro, e os jogadores têm de acertar qual objeto foi retirado e qual foi colocado em seu lugar.

APLICAÇÃO AO ENSINO

Etapa educacional: Do 1º ao 6º ano do Ensino Fundamental.

Habilidades desenvolvidas: Memória e observação.

Interdisciplinaridade: Artes Plásticas.

Observações e sugestões: O número de objetos que o orientador coloca e então retira varia de acordo com a idade e capacidade dos jogadores.

49 De onde vem o ruído?

Número de jogadores: De 2 a 10.
Idade: De 10 a 14 anos.
Material: Uma venda para cobrir os olhos.

Descrição

Organiza-se um círculo com oito jogadores equidistantes, atribuindo-se a cada um deles um ponto cardeal num plano imaginário: o Norte no lado oposto ao Sul; o Leste à direita e o Oeste à esquerda; e Nordeste, Sudeste, Sudoeste e Noroeste intercalados. No centro do círculo fica um jogador com os olhos vendados, postado de frente para o Norte e de costas para o Sul. O orientador do jogo indica a alguém do círculo que represente uma das direções que comece a brincadeira, e o participante selecionado bate palmas. O jogador do centro tem de apontar com o braço a direção de onde veio o ruído e dizer o nome do ponto cardeal, por exemplo: "Noroeste!"

Regras e penalidades

Se acertar o ponto cardeal de onde veio o som de batida de palmas, o jogador deixa o centro do círculo e é substituído pelo que bateu palmas, que passa a usar a venda. Se errar, tem mais cinco chances. Se não acertar, é substituído.

Variações

1) Para fazer a brincadeira com crianças menores podemos utilizar números em vez de pontos cardeais.

2) O jogo pode se tornar mais complexo se aumentarmos o número de participantes e substituirmos os pontos cardeais por outros grupos, como por exemplo: animais, profissões, plantas... Para ajudar os participantes, os grupos são organizados por ordem alfabética, por exemplo: de animais (águia, burro, coelho, dromedário...), de profissões (carpinteiro, dentista, eletricista...), de plantas (gerânio, hortênsia, narciso, orquídea...).

APLICAÇÃO AO ENSINO

Etapa educacional: Do 5º ao 9º ano do Ensino Fundamental.

Habilidades desenvolvidas: Audição, memória, atenção e orientação espacial.

Interdisciplinaridade: Conhecimentos gerais e Geografia.

Observações: A dificuldade reside na capacidade de memorização para recordar nomes, números etc., e sua localização no espaço.

50 O tesouro escondido

Número de jogadores: De 10 a 30.
Idade: De 6 a 11 anos.
Material: Um objeto pequeno (anel, chave, bola de gude...).

Descrição

O grupo inteiro senta em um círculo com as mãos para frente, juntas em concha e apoiadas no chão. Um aluno de pé começa a brincadeira, escolhendo um jogador qualquer e simulando deixar o "tesouro" nas mãos dele, que o mantém escondido. Depois, faz a mesma coisa com o jogador seguinte, e assim por diante, até dar a volta completa em todo o círculo. Debaixo das mãos de um dos jogadores ele de fato deixou o tesouro, sem que os demais tenham percebido. O jogador de pé indica um jogador do círculo para que tente adivinhar quem está com o tesouro. O escolhido tem de dizer o nome de um colega do grupo, e o nomeado tem de mostrar as mãos. Se acertar, assume o lugar do jogador de pé. Se errar, é eliminado e fica de pé em seu próprio lugar. O jogador de pé no centro indica outro jogador, que também tenta adivinhar, e assim sucessivamente até que se encontre o tesouro escondido.

Regras e penalidades

Todos os jogadores devem simular que estão com o objeto, enquanto o jogador que está de pé vai dando a volta inteira no círculo e depois que ele a completa. É proibido fazer sinais ou dar indicações para aquele que tenta adivinhar com quem está o tesouro.

Variações

1) Utilizar mais de um objeto escondido e aumentar o número de jogadores de pé no centro do círculo (dois ou três).

2) Aquele que vai passando o tesouro pelo círculo pode escolher outros locais para esconder o objeto nos colegas (bolso, debaixo da roupa, no pé...).

APLICAÇÃO AO ENSINO

Etapa educacional: Do 1º ao 6º ano do Ensino Fundamental.

Habilidades desenvolvidas: Observação visual.

Observações e sugestões: Podemos utilizar as duas variações quando o número de jogadores for grande.

51 O tempo exato

Número de jogadores: De 2 a 5.
Idade: De 8 a 14 anos.
Material: Relógio com ponteiro de segundos ou cronômetro. Lápis e papel (para alguma variação).

Descrição

Combina-se previamente o tempo que será objeto do jogo. Deve ser curto, não muito maior do que 1 minuto (10, 15, 45... segundos). Um dos alunos se encarrega de controlar o relógio e dar o aviso de que a contagem do tempo preestabelecido começou e com ele o da participação do jogador da vez. Tal jogador, sem consultar nenhum relógio, deve indicar quando achar que já se alcançaram os segundos combinados.

Regras e penalidades

Os jogadores vão se alternando, de forma que todos possam participar. Ganha o jogador que mais se aproxime do tempo. Em caso de empate, os dois que coincidiram em pontuação jogam de novo para desempatar.

Variações

1) Pode ser permitido passar ou não do tempo. Essa última opção obriga a ajustar sem exceder-se, dando outra dimensão ao jogo.

2) Outra variação é a de realizar várias rodadas fazendo-se uma contagem dos segundos errados. Aquele que ao terminar as rodadas combinadas tiver o número mais alto (a soma desses segundos errados), perde.

APLICAÇÃO AO ENSINO

Etapa educacional: Do 3º ao 9º ano do Ensino Fundamental.
Habilidades desenvolvidas: Estruturação temporal.
Interdisciplinaridade: Conhecimentos gerais.

52 O trem chegou

Número de jogadores: De 2 em diante.
Idade: De 6 a 12 anos.
Material: Uma bola ou outro objeto inquebrável que se possa lançar.

Descrição

Os jogadores se distribuem de forma previamente combinada (em semicírculo, em suas cadeiras na sala de aula, frente a frente etc.). Um dos jogadores começa o jogo lançando a bola para outro participante, e ao mesmo tempo diz a seguinte frase:

O trem chegou de Roma carregado de...

E termina a frase com uma letra do alfabeto.

O aluno que recebe a bola, sem deixá-la cair, tem de dizer rapidamente uma palavra que comece pela letra que o primeiro citou. Depois, lança a bola para outro colega, dizendo a mesma frase inicial, mas completando com uma nova letra. Quem receber a bola deve repetir o processo seguindo a mesma mecânica do jogo.

Regras e penalidades

Quem diz a frase não pode repetir a mesma letra que o colega anterior. Tampouco é permitido repetir palavras.

Variações

Nesta variação não é preciso dizer a frase inicial. O primeiro jogador lança a bola e diz uma letra. O segundo e os seguintes, ao agarrarem a bola, só precisam dizer uma palavra que comece com a tal letra solicitada e passar a bola adiante, dizendo uma nova letra.

O jogo pode ser feito utilizando palavras de temas estabelecidos previamente: animais, plantas, alimentos, cidades, coisas que devem ser levadas em uma excursão pelo campo, nomes próprios etc.

APLICAÇÃO AO ENSINO

Etapa educacional: Do 1º ao 7º ano do Ensino Fundamental.

Habilidades desenvolvidas: Atenção, vocabulário, memória. Lançamento e recepção da bola.

Interdisciplinaridade: Esse jogo é interessante porque pode se relacionar com várias disciplinas, desde que as palavras sejam restringidas a determinado tema: palavras em inglês, coisas relacionadas com artes plásticas, acidentes geográficos etc.

Observações e sugestões: Esse jogo é derivado daquele "De Havana chegou um barco..." e existe uma enorme diversidade de variações; e é fácil inventar outras formas de jogá-lo de acordo com o que nos interessa com determinado grupo de jogadores.

A variação em que se tem de dizer palavras de temas previamente determinados pode ser muito útil para repassar com as crianças algo que se deseja reforçar: material para utilizar na sala de aula, coisas que devem ser levadas em uma excursão, Estados do Brasil etc.

53 O vigia e os ladrões

Número de jogadores: De 4 a 6.
Idade: De 6 a 14 anos.
Material: Pequenos objetos variados (15 a 25): lápis, borrachas, pedras, caroços de frutas, bolas de gude, anéis, clipes, figurinhas etc.

Descrição

Sobre uma mesa grande espalham-se todos os objetos, separados uns dos outros. Os jogadores sentam-se em volta da mesa. Um deles será o "vigia" e o restante, "os ladrões".

Ao sinal previamente combinado, os ladrões tentam "roubar" os objetos da mesa. O vigia tentará evitar isso e para tanto deve tocar a mão do colega que tentar pegar uma peça.

Transcorrido o tempo determinado anteriormente (1 ou 2 minutos), vence quem conseguir mais objetos, passando a ser o novo vigia na rodada seguinte.

Regras e penalidades

Só se pode roubar um objeto de cada vez.

O jogador que tiver a mão tocada pelo vigia é enviado para a "prisão" e é eliminado. Se o vigia conseguir eliminar todos os ladrões, o jogo é repetido conservando-se os mesmos papéis.

Variações

1) Os ladrões, para conseguir uma peça, terão de partir de uma determinada posição (mãos sobre os joelhos, no peito ou sobre a cabeça, braços cruzados, dedos na borda da mesa, cadeira afastada um passo da mesa etc.).

2) Outra possibilidade é que os jogadores tocados não sejam eliminados, e sim que tenham de devolver uma ou duas peças roubadas (o jogo precisa ser interrompido durante esse processo).

3) Com outra disposição, desenhando no chão uma zona mais ou menos ampla, o jogo pode adquirir uma maior mobilidade. Nesta variação, os participantes, sentados, de joelhos ou de pé, têm de roubar peças de maior tamanho (bolas, livros, mochilas...), até mesmo entrando no espaço demarcado. O vigia não pode sair em nenhum momento do círculo.

APLICAÇÃO AO ENSINO

Etapa educacional: Do 1º ao 9º ano do Ensino Fundamental.
Habilidades desenvolvidas: Velocidades de reação de decisão.

54 O zoo

Número de jogadores: De 5 a 15.
Idade: De 6 a 9 anos.
Material: Uma bola.

Descrição

Os jogadores espalham-se livremente pelo espaço de jogo (uma sala grande, ou, numa quadra, delimitar um círculo ou quadrado grande no chão...). Ao comando de "Começar!" do orientador, os participantes se põem a imitar cada qual o som da voz de um animal, de forma que se destaquem. Os jogadores devem observar que o animal que imitam seja único e, em caso de haver repetição, um dos alunos deve mudar de animal. Após alguns minutos, o orientador manda que todos os jogadores formem um círculo. No centro, ele lança uma bola contra o chão de forma que ela quique alto, ao mesmo tempo em que chama a um dos animais, por exemplo, "Cachorro!" O jogador que imitou a voz do cachorro entra no círculo "latindo" e procura recolher a bola antes que ela volte a bater no chão novamente. Se conseguir, ganha dois pontos; se não, volta para o círculo e o orientador chama outro "animal".

Depois de três ou quatro intervenções de todos os participantes, computa-se o número de pontos e uma nova rodada é iniciada, mudando-se os animais representados.

Regras e penalidades

São considerados erros:

- Se entrar mais de um animal igual quando chamado, subtrai-se um ponto de cada um, uma vez que os jogadores não respeitaram as regras iniciais.
- Se alguém se equivoca e entra para pegar a bola sem ser o animal chamado, também perde um ponto.
- Se não emitir o som da voz do animal que imita, o jogador também perde um ponto.
- Se não consegue pegar a bola, a deixa cair ou quicar mais de uma vez, o jogador volta para o círculo.

Variações

Poderíamos chamar essa variação de NOSSO GRUPO. Com a mesma mecânica do círculo, quando a bola quicar, chama-se um jogador pelo nome, que, por sua vez, deverá entrar no círculo e recolher a bola.

APLICAÇÃO AO ENSINO

Etapa educacional: Do 1º ao 4º ano do Ensino Fundamental.

Habilidades desenvolvidas: Atenção, memória e capacidade de reação.

Observações: A variação apresentada do jogo pode ser interessante para que os alunos aprendam ou recordem o nome dos colegas, e é ideal para ser utilizada no início do ano letivo.

Com crianças menores ou com participantes de capacidades mais limitadas, o orientador pode aumentar o número de quicadas permitido antes de o jogador recolher a bola.

55 Estranho no ninho

Número de jogadores: A partir de 2.
Idade: De 8 em diante.
Material: Nenhum.

Descrição

Formam-se duas equipes e cada uma delas se organiza para escolher um conjunto de cinco elementos que tenham algo em comum (p. ex.: cachorro, canário, leão, galinha e macaco), e acrescentar a ele um sexto elemento que destoe dos outros (como "margarida", p. ex.). Posteriormente, faz-se um sorteio para estipular qual equipe irá começar. Tal equipe, por meio de um representante do grupo, diz as seis palavras escolhidas. O grupo contrário deve dizer:

– Quais são as palavras em comum.

– A que conjunto elas pertencem (animais, no caso do exemplo citado).

– Qual é a que destoa e por que razão (margarida, por ser uma flor).

Regras e penalidades

Pode ser que existam outras soluções válidas para os conjuntos escolhidos pelas equipes, ainda que não coincidam com a ideia inicial, tendo de ser admitidas como válidas se alguém as apontar e justificar.

O orientador do jogo pode sugerir ou ajudar as equipes a determinar os conjuntos e deve conhecer previamente as propostas de cada equipe, dando-lhes sinal verde.

Variações

1) Mudar o número de elementos do conjunto e das palavras que não pertençam a ele.

2) Os conjuntos podem ser muito variados: países, palavras que contenham certo número de letras ou determinadas letras, personagens históricos contemporâneos, personalidades de mesma profissão, desportistas de um mesmo time...

3) O orientador pode demarcar os temas (animais, plantas, geografia...), tendo as equipes de buscar o conjunto de elementos e o que não pertence ao tema dado.

APLICAÇÃO AO ENSINO

Etapa educacional: Do 3º ano do Ensino Fundamental em diante.

Habilidades desenvolvidas: Intelectual, memória e cooperação.

Interdisciplinaridade: Todas as matérias conforme os temas escolhidos.

Observações e sugestões: O jogo pode ser muito simples ou complicado de acordo com os conjuntos escolhidos, razão pela qual o orientador do jogo tem de assessorar e supervisionar as propostas das equipes.

56 Descubra o que mudou

Número de jogadores: De 5 a 25.
Idade: De 6 a 12 anos.
Material: Nenhum, já que podemos utilizar as coisas que temos ao redor.

Descrição

Os participantes se organizam em círculo, fileira... numa posição determinada livremente (de pé, de joelhos etc.). Um jogador escolhido ao acaso deve fixar a atenção nos colegas por alguns segundos. Depois, deixará o local ou fechará os olhos para que qualquer um dos demais realize uma mudança qualquer (de lugar, de peças do vestuário, posição etc.). Quando o jogador escolhido entrar novamente, tentará descobrir o que não se encontra em sua posição original.

Regras e penalidades

É fundamental que aqueles que não alteraram nada mantenham suas posições originais, senão o jogador que prestou atenção nas poses iniciais poderá se confundir.

Variações

Permitir que mais de uma mudança seja realizada, tanto de posição como de localização.

Outra possibilidade é utilizar mudanças somente de objetos que estejam na sala, podendo combinar-se também pessoas e coisas.

APLICAÇÃO AO ENSINO

Etapa educacional: Do 1º ao 7º ano do Ensino Fundamental.

Habilidades desenvolvidas: Observação e memória visual.

Observações e sugestões: O jogo pode ser muito simples ou muito complicado conforme as mudanças. O orientador deve variar o grau de dificuldade de acordo com a idade e a maturidade dos participantes.

57 Engraçadinhos e sérios

Número de jogadores: A partir de 2.
Idade: De 5 a 13 anos.
Material: Nenhum.

Descrição

Os participantes se dividem em dois grupos. Um será o dos *engraçadinhos* e o outro, o dos *sérios*. Ao sinal do orientador da brincadeira, os *engraçadinhos* tentarão fazer rir o grupo dos *sérios*, que deve permanecer impassível e sem fazer nenhum tipo de careta.

Regras e penalidades

Não é permitido que os *engraçadinhos* toquem os *sérios* em momento algum. Quando alguém do grupo dos *sérios* ri ou muda a expressão facial, é eliminado.

Os *engraçadinhos* podem utilizar todo tipo de caretas, piadas, gestos, podem falar bobagens... para alcançar seu objetivo. Não é permitido aos *sérios* fecharem os olhos.

Várias questões podem ser combinadas previamente: a colocação de ambos os grupos (sentados, de pé...), a distância de aproximação e se cada *engraçadinho* deve se dirigir somente a um determinado *sério* ou a qualquer um deles. E, também, se um *engraçadinho* que conseguir eliminar um dos *sérios* termina sua participação ou deve ajudar os seus companheiros de grupo a tentar eliminar os demais *sérios*.

Variações

Na variação "Estátuas e marionetes", as *estátuas*, além de não rir, também devem permanecer imóveis, sendo eliminadas se realizarem qualquer tipo de movimento corporal ou modificarem a expressão do rosto. As *marionetes*, sem tocar as *estátuas*, tentarão fazer com que o grupo adversário infrinja as regras.

A variação conhecida como "Onde está o rei?" tem a particularidade de a brincadeira começar com a recitação de uns versinhos que dizem:

Onde está o Rei?
Matando pombas.
Com que ele as mata?
Com uma escopeta de prata.

Com que as remove?
Com uma concha verde.
Quem rir primeiro, perde.

APLICAÇÃO AO ENSINO

Etapa educacional: Da Pré-escola ao 8º ano do Ensino Fundamental.
Habilidades desenvolvidas: Sensorial (visão e audição) e criatividade.
Interdisciplinaridade: Expressão corporal, mímica e teatro.

58 Guardando o tesouro

Número de jogadores: De 10 a 25.
Idade: De 6 a 10 anos.
Material: Um objeto qualquer para servir de tesouro e uma venda para os olhos.

Descrição

   Todos os jogadores sentam-se no chão formando um círculo amplo. Um deles, escolhido ao acaso pelo orientador, senta-se com os olhos vendados no centro do círculo, colocando ao seu lado no chão o "tesouro". O orientador do jogo indica um participante no círculo, este se levanta e, em silêncio, aproxima-se do tesouro, sem fazer barulho. O aluno sentado no centro, ao lado do tesouro, se escutar ou pressentir o que se aproxima, faz um sinal com a mão estendendo o braço na direção do ruído. Se a direção estiver correta, o aluno do centro passa para o círculo e o que foi descoberto toma o seu lugar no centro do círculo, vendado e guardando o tesouro. Se por acaso o aluno que se aproxima consegue apoderar-se do tesouro sem ser descoberto, ele volta para onde estava e o orientador do jogo dá uma oportunidade ao que está no centro de olhar os rostos dos colegas e tentar adivinhar quem lhe roubou o tesouro (todos no círculo mantêm as mãos para trás, simulando estar com ele). Se acertar, passa para o círculo e o escolhido é eliminado. Se não acertar, uma nova rodada tem início, com o mesmo aluno guardando o tesouro.

Regras e penalidades

Durante o jogo, quando o aluno que guarda o tesouro estiver com os olhos vendados, os demais devem fazer absoluto silêncio.

Variações

1) Se o número de jogadores for muito grande, dois ou três alunos podem ficar no centro, cada um guardando um tesouro diferente.
2) O tesouro tem de ser um objeto ou instrumento que produza som (sineta, chocalho, pandeiro...).

APLICAÇÃO AO ENSINO

Etapa educacional: Do 1º ao 5º ano do Ensino Fundamental.
Habilidades desenvolvidas: Audição e observação na segunda fase do jogo.

59 Guardando a porta

Número de jogadores: De 4 a 30.
Idade: De 8 a 13 anos.
Material: Duas traves e duas vendas para cobrir os olhos.

Descrição

Duas traves são colocadas de forma a simular uma porta aberta com um vão de uns 2 metros. Tal espaço é guardado por dois "vigias" com os olhos vendados. O restante dos jogadores tentará passar pela porta sem ser agarrado ou tocado pelos "vigias". Os que conseguem passar aguardam atrás da porta. Os dois primeiros serão os "vigias" na próxima rodada. Uma vez transcorrido o tempo combinado de antemão, o jogo termina e outra rodada tem início.

Regras e penalidades

Os jogadores agarrados ou tocados pelos "vigias" são eliminados e esperam sentados pelo fim do jogo. Se não restar nenhum jogador para atravessar a porta antes que o tempo estabelecido termine, outra rodada começa.

Variações

1) Mudar o número de "vigias" conforme a largura do vão da porta.

2) Para atravessar a porta, os jogadores devem fazê-lo de dois em dois, de mãos dadas. Os "vigias" também podem atuar de mãos dadas.

APLICAÇÃO AO ENSINO

Etapa educacional: Do 3º ao 8º ano do Ensino Fundamental.

Habilidades desenvolvidas: Espacial e velocidade de reação. Audição (dos vigias).

60 Faça o inverso

Número de jogadores: De 5 a 20.
Idade: De 7 a 12 anos.
Material: Nenhum.

Descrição

A posição dos jogadores pode ser diferente, por exemplo, em semicírculo e um de pé diante dos demais; em várias fileiras com espaço suficiente entre os jogadores para que possam ser observados pelo orientador do jogo etc.

O orientador, ou o jogador que comanda, dá ordens rápidas ao restante dos participantes e estes têm de realizar o movimento inverso ao indicado, mantendo a posição ou gesto até uma nova ordem, como por exemplo:

– Passo lateral à direita!: os jogadores dão um passo lateral à esquerda.
– Braços para baixo!: os jogadores levantam ambos os braços.
– Abrir os olhos!: os jogadores fecham os olhos.

De tempos em tempos, por exemplo 1 ou 2 minutos, o orientador do jogo troca o aluno que dá as ordens, escolhendo entre os que mais rápido executam o inverso dos comandos. O objetivo é obter o maior número de erros entre os demais jogadores.

Regras e penalidades

O jogador que dá as ordens pode executar os movimentos para tentar provocar equívocos nos demais jogadores e realizá-los com rapidez. Os erros na execução podem ser contabilizados ou não.

Variações

1) Pode ser combinado previamente que a primeira ordem deve ser executada ao contrário e a segunda corretamente, e assim por diante, com alternância entre a maneira de obedecer aos comandos.
2) Realizar o jogo sem empregar ordens que impliquem grandes movimentos ou deslocamentos (levantar um braço, fechar os olhos, colocar a mão sobre a cabeça, abrir a boca etc.).

APLICAÇÃO AO ENSINO

Etapa educacional: Do 2º ao 7º ano do Ensino Fundamental.

Habilidades desenvolvidas: Atenção e reflexos.

Observações e sugestões: É interessante praticar a última variação em espaços reduzidos, como a sala de aula, o ônibus escolar etc.

61 Memorizando

Número de jogadores: De 2 a 10.
Idade: De 5 a 14 anos.
Material: Uns 50 objetos diferentes (anel, lápis, bola, chave, lenço, bola de gude...).

Descrição

Um dos jogadores será escolhido para fazer um exercício de memória e terá de se retirar da zona de jogo durante um momento. O colega ou colegas colocam sobre uma mesa ou no chão uns 10 ou 12 dos objetos preparados anteriormente. Em seguida, chamam de volta o aluno que se retirou e solicitam que ele observe durante três minutos os objetos expostos. Passado esse tempo, ele deve virar-lhes as costas, de maneira que não possa continuar a vê-los, e dizer os nomes dos objetos que ali se encontravam.

Contabilizam-se os acertos como pontos e se inicia novamente o jogo com outro participante.

Regras e penalidades

O jogador precisa dizer corretamente o nome do objeto. Pode haver dois ou mais objetos iguais em uma mesma rodada, mas o aluno terá de dizer o número de objetos repetidos.

Variações

1) Vários jogadores podem participar ao mesmo tempo, desde que cada um utilize lápis e papel para escrever a lista dos objetos que se recorda, depois de observá-los por algum tempo e virar-se de costas.

2) Se o orientador está lidando com um grupo mais ou menos numeroso, ele pode levar os alunos até uma sala de aula ou outro aposento e permitir que eles observem por algum tempo. Mais tarde, eles terão de recordar o que viram.

3) Jogar não com objetos, e sim com palavras escritas, sendo o processo o mesmo. Também funciona jogar com números (datas, telefones, matrículas...).

APLICAÇÃO AO ENSINO

Etapa educacional: Da Pré-escola ao 9º ano do Ensino Fundamental.

Habilidades desenvolvidas: Observação e memória.

Interdisciplinaridade: Linguagem.

Observações e sugestões: O jogo pode ser muito simples ou muito complicado de acordo com as coisas a serem observadas, o tempo que se dá aos alunos para fazê-lo e a familiaridade com os objetos.

62 O que tem no saco?

Número de jogadores: Indeterminado, com um mínimo de 3.
Idade: De 6 a 10 anos.
Material: Um ou vários sacos de material opaco que impeça os alunos de verem o conteúdo pelo lado de fora. Caneta e papel para cada um dos participantes, para que possam fazer suas anotações.

Descrição

Todos os jogadores formam um círculo sentados no chão. O orientador do jogo introduz, escondido, um objeto no saco, que irá passando de mão em mão entre os alunos. O jogo consiste em cada participante meter a mão dentro do saco, tocar o objeto e escrever o que acha que é. Depois que todos tiverem tocado e escrito sua impressão, o objeto é revelado e os jogadores que tiverem acertado são os vencedores.

Regras e penalidades

Os participantes não podem olhar dentro do saco, apenas tocar o que há ali. E quando colocarem por escrito o nome do objeto, devem fazê-lo sem deixar os colegas lerem.

Variações

1) O orientador pode aumentar o número de objetos dentro do saco para dois ou três. Cada jogador deve escrever os nomes de todos os objetos tocados.

2) Se houver mais de 10 jogadores, o orientador pode aumentar o número de sacos e formar mais grupos (círculos), escolhendo um ou dois alunos como orientadores auxiliares para passar os sacos.

3) Utilizar um certo número de sacos (p. ex., 5) e colocar em cada um deles um objeto ou material diferente, que somente o orientador saiba quais são. A cada objeto é atribuída uma determinada posição (ele pode escrever no quadro-negro a lista de posições, acrescentando alguns objetos que não estão nos sacos), por exemplo:

Bolas de gude .... Braços cruzados
Pedras .... Dedos entrelaçados
Arroz .... Mãos em cima da cabeça
Areia .... De cócoras
Feijão .... Um braço na frente e outro atrás
Serragem .... Sentado com pernas cruzadas
Grão-de-bico .... Braços levantados

O orientador passa um saco de cada vez e, quando todos terminaram de avaliar o seu conteúdo, ao seu sinal, todos os jogadores têm de adotar a posição que acham que corresponde ao conteúdo. O orientador do jogo dá um ponto aos que acertaram e uma nova rodada é iniciada, com outro saco, e assim por diante.

APLICAÇÃO AO ENSINO

Etapa educacional: Do 1º ao 5º ano do Ensino Fundamental.

Habilidades desenvolvidas: Tato.

Interdisciplinaridade: Linguagem e conhecimentos gerais.

Observações e sugestões: Recomenda-se que a última variação seja jogada com alunos de 8 a 10 anos.

63 Baratas tontas

Número de jogadores: De 12 a 30 (organizar três equipes, entre 4 e 10 jogadores em cada uma).
Idade: De 6 a 13 anos.
Material: Vendas para tapar os olhos.

Descrição

Formam-se três equipes de igual número de jogadores. Duas delas se organizam num círculo amplo e a outra coloca-se dentro dele, com os olhos vendados. Ao sinal de "Andando!", os alunos do centro do círculo se movimentam livremente com os braços estendidos, com muito cuidado, mas sem parar. Cada encontrão ou contato que aconteça é contado pelo orientador. Após um minuto, o jogo é interrompido e acontece a troca de equipes, até que todas passem pelo centro.

Regras e penalidades

Ganha a equipe que conseguir menos esbarrões ou contatos entre seus jogadores em um minuto.

Os participantes podem se deslocar devagar, mas não podem parar; cada parada é contabilizada como contato. Os que formam o círculo ficam em silêncio, só podendo falar para avisar os colegas vendados se estiverem prestes a sair do círculo, para que deem meia-volta; os encontrões com os alunos do círculo não são contabilizados. Os participantes devem fazer muito silêncio para que os do centro do círculo consigam ouvir os passos.

Variações

1) Os participantes que se esbarram ou se tocam saem do círculo até que reste apenas um jogador (o tempo que ele resistiu é contabilizado). Pode-se também limitar o tempo de jogo para as equipes, contabilizando-se ao seu término o número de jogadores que restam, vencendo, obviamente, a que mais jogadores sobrarem dentro do círculo.

2) Os alunos que se tocam dão as mãos, deslocando-se pelo espaço de jogo agarrados, até que não reste nenhum jogador livre, sendo o objetivo igualmente não ser tocado para não se unir à corrente.

APLICAÇÃO AO ENSINO

Etapa educacional: Do 1º ao 8º ano do Ensino Fundamental.
Habilidades desenvolvidas: Audição e noção de equilíbrio.

64 A coruja e a toupeira

Número de jogadores: 2.
Idade: De 5 a 11 anos.
Material: Uma mesa grande e duas vendas para os olhos.

Descrição

Os jogadores colocam-se nas extremidades da mesa, frente a frente, com os olhos vendados para que não possam se ver. Ambos devem manter uma mão constantemente sobre a mesa. Um será a coruja e o outro, a toupeira. Ao sinal do orientador, o primeiro tentará tocar o colega com a mão livre, enquanto se deslocam ao redor da mesa. A toupeira deverá evitar ser tocada pela coruja, e, para tanto, pode mover-se em qualquer direção, sem tirar uma das mãos da mesa.

Regras e penalidades

Quando a coruja toca a toupeira, trocam-se os papéis.

Se um dos dois tirar a mão da mesa, perde.

É permitido tocar em qualquer parte do corpo do adversário.

Variações

1) O deslocamento só pode ser feito numa mesma direção, mas quando o orientador do jogo disser "Já!" (olhando ou sem olhar), os jogadores devem mudar o sentido do deslocamento.

2) Com uma mesa muito grande ou várias juntas, os jogadores podem encenar a perseguição com os olhos desvendados, seguindo a mesma mecânica do jogo.

APLICAÇÃO AO ENSINO

Etapa educacional: Da Pré-escola ao 6º ano do Ensino Fundamental.

Habilidades desenvolvidas: Audição, estruturação espacial e velocidade de reação.

Interdisciplinaridade: Conhecimentos gerais.

65 O biombo

Número de jogadores: De 15 a 30.
Idade: De 6 a 11 anos.
Material: Um cobertor ou pano de tamanho equivalente.

Descrição

Todos os participantes sentam-se de frente para uma porta e cinco voluntários saem da sala. Outros dois seguram um cobertor pelas extremidades, verticalmente, e tapam parte da porta. Abre-se a porta e um dos voluntários entra na sala totalmente escondido pelo cobertor. O cobertor vai sendo levantado lentamente e os que observam devem dizer o nome de quem está escondido. O primeiro que acertar ganha e será um dos substitutos dos voluntários. O jogo recomeça e outro voluntário entra escondido pelo cobertor, e assim sucessivamente, até que todos os voluntários entrem.

Regras e penalidades

O cobertor não deve chegar a cobrir totalmente o jogador escondido atrás dele. Os que saem da sala podem trocar alguma peça de roupa para despistar os observadores. Cada participante só pode dizer um nome por voluntário.

Variações

1) Os voluntários saem aos pares e também se apresentam dessa forma por trás do cobertor; os que observam precisam acertar os dois para que o jogo continue.

2) Três ou mais jogadores se colocam atrás do cobertor e os demais colegas têm de adivinhar de quem se trata, seguindo uma ordem determinada (da esquerda para a direita ou vice-versa).

APLICAÇÃO AO ENSINO

Etapa educacional: Do 1º ao 6º ano do Ensino Fundamental.

Habilidades desenvolvidas: Observação e memória.

Comentários e sugestões: Para facilitar o jogo, pode-se colocar um cobertor pendurado em um espaço apropriado; nesse caso, os jogadores designados para segurá-lo terão apenas de erguer a parte inferior do cobertor.

66 A bola colorida

Número de jogadores: De 4 a 20.
Idade: De 5 a 9 anos.
Material: Uma bola.

Descrição

Um aluno comanda o jogo, com uma bola nas mãos. Os demais jogadores se distribuem pelo espaço de jogo. O orientador pergunta ao aluno com a bola:

– De que cor é a sua bola?

Se a bola tiver várias cores, ele dirá uma delas ou simplesmente inventará, por exemplo: "Amarelo!" Todos os jogadores procurarão coisas dessa cor para tocar, como alguma peça do vestuário de um colega, algum material escolar etc. Cada um conta o número de coisas com essa cor que toca. Depois de um tempo, conforme a vontade do aluno com a bola, ele diz em voz alta uma nova cor, por exemplo, "Preto!", e todos devem tocar algo dessa cor. O jogo para quando o participante com a bola a entrega a outro dizendo: "Stop!" Os que tiverem obtido mais pontos ganham. O orientador volta a fazer a pergunta inicial para o novo jogador com a bola:

– De que cor é a sua bola?

E inicia-se uma nova rodada.

Regras e penalidades

Não se trata de correr, e sim de identificar e tocar o maior número de coisas possíveis da mesma cor determinada. O jogador com a bola deve dar tempo aos colegas para que localizem os objetos.

Variações

Substituir as cores por figuras geométricas, tais como ângulo, reta, curva, quadrado, retângulo... Uma vez que o jogador no comando diga a figura, os demais jogadores devem buscá-la e passar as mãos pelas bordas dela; por exemplo, "Ângulo!": passar a mão pela borda de uma mesa assinalando um ângulo, em uma cadeira etc.

APLICAÇÃO AO ENSINO

Etapa educacional: Da Pré-escola ao 4º ano do Ensino Fundamental.

Habilidades desenvolvidas: Visual, e observação e memória.

Interdisciplinaridade: Artes Plásticas. Na variação citada, Matemática.

Comentários e sugestões: Já que o número de vezes que se toca uma cor é contabilizado por cada jogador, é necessário trabalhar com eles a noção de valores como honestidade e honradez.

67 Rosa dos ventos

Número de jogadores: De 9 a 17.
Idade: De 12 em diante.
Material: Nenhum.

Descrição

O orientador traça no chão uma rosa dos ventos de 5 a 8 metros de raio, colocando-se ele próprio no centro e distribuindo os jogadores pelos quatro sentidos fundamentais e os intermediários.

O orientador diz em voz alta dois sentidos, por exemplo, Norte (N) e Su-Sudeste (SSE). Os jogadores que ocupam essas posições devem trocar de lugar entre si o mais rápido possível, mas sem correr, memorizando sua nova posição.

Regras e penalidades

Os jogadores devem trocar de lugar caminhando rapidamente, anotando-se um ponto para quem consiga fazê-lo corretamente. Se alguém se engana, saindo sem ser chamado, ou for muito lento (p. ex., demore mais de três segundos para responder), perde um ponto. Ganha quem tiver a maior pontuação ao final do jogo. De vez em quando, passado um tempo previamente combinado (p. ex., 5 minutos), os jogadores trocam de lugar movendo uma posição na rosa dos ventos, de forma que todos passem por pontos simples ou mais complexos.

Variações

Simplificar o jogo, variando-se o número de jogadores (9) e utilizando-se apenas os pontos principais.

APLICAÇÃO AO ENSINO

Etapa educacional: Do 7º ano do Ensino Fundamental em diante.

Habilidades desenvolvidas: Espacial, e memória.

Interdisciplinaridade: Geografia.

Observações e sugestões: Não se trata de um jogo de corrida, e sim de os alunos memorizarem e saberem situar os pontos cardeais, controlando as mudanças que são produzidas durante o jogo.

---

68 As abelhas ajudam

Número de jogadores: De 5 a 30.
Idade: De 5 a 9 anos.
Material: O material normalmente existente em uma sala de aula.

Descrição

Em uma sala de aula normal, o orientador escolhe um jogador, que sai da sala, fecha a porta e fica esperando lá fora. Dentro da sala, outro participante, designado pelo orientador, escolhe três objetos (p. ex., o quadro-negro, um livro e uma cadeira vazia). O aluno que aguarda do lado de fora da sala é chamado, entra e tem de apontar os três objetos escolhidos com a ajuda de toda a turma, que imita o ruído das abelhas zumbindo com menor ou maior intensidade conforme a proximidade em relação a cada objeto. Passado um tempo combinado de antemão, se o jogador não acertar os três objetos, ele perde e volta para o seu lugar na sala de aula, integrando-se à turma, e o orientador escolhe um novo participante. Ganham os que conseguem acertar os três objetos.

Regras e penalidades

Só se pode emitir o zumbido das abelhas, não vale nenhuma outra indicação ou sinal. Os objetos escolhidos têm de estar à vista, não podem estar escondidos.

Variações

1) O número de objetos pode variar de 1 a 4, assim como o número de jogadores que saem da sala de aula e passam a procurá-los.

2) Mudar os sinais que dão a pista para o aluno que deve adivinhar; em vez do zumbido, palmas mais ou menos intensas, vogais ou outros sons de animais (latir, coaxar, zurrar...).

APLICAÇÃO AO ENSINO

Etapa educacional: Da Pré-escola ao 4º ano do Ensino Fundamental.

Habilidades desenvolvidas: Espacial e auditiva.

Interdisciplinaridade: Conhecimentos gerais, na última variação.

Comentários e sugestões: Com crianças menores é necessário reduzir o número de objetos a serem identificados.

Jogo interessante no início do curso para os alunos conhecerem os materiais existentes na sala de aula.

69 Os sinos da minha cidade

Número de jogadores: A partir de 5.
Idade: De 8 a 13 anos.
Material: Nenhum.

Descrição

Os jogadores formam uma roda, de pé ou sentados. Cada um coloca a mão direita aberta e com a palma para cima sobre a mão esquerda do colega situado à sua direita, e sua mão esquerda, de igual forma, só que por baixo da mão direita do colega à sua esquerda.

O jogo se desenvolve enquanto todos cantam a seguinte canção:

Pirulito que bate, bate
Pirulito que já bateu
Quem gosta de mim é ela
E quem gosta dela sou eu.

Ao começar a canção, ao dizer "Pi", o jogador que começa bate com a mão direita na palma do jogador à sua esquerda. Seguidamente, os demais participantes devem repetir a operação, segundo vão coincidindo com cada uma das sílabas da canção. Isto é: Pi – ru – li – to – que – ba – te – ba – te

– pi – ru – li – to – que – já – ba – teu... No fim, ao dizer "eu", o jogador que vai ser golpeado tentará tirar a mão antes que o colega da direita possa fazê-lo. Se não conseguir, é eliminado; se conseguir, quem é eliminado é o colega que tentou golpeá-lo.

Regras e penalidades

Não é permitido agarrar a mão dos colegas. Se alguém tira a mão antes do tempo, é eliminado.

Variações

1) Utilizar outras canções como:

Rebola, bola
Você diz que dá que dá
Você diz que dá na bola
Na bola você não dá

2) Outra possibilidade é a de jogar sem eliminação com canções como:

Se te acerto,
Beijos ganho;
E se não,
Sou eu que apanho.

Quem consegue golpear a mão do colega ao dizer "nho" deve receber um beijo da pessoa do grupo que escolher, e se não consegue, recebe um tapão (simbólico e suave) de alguém escolhido pelo jogador que evitou ser golpeado.

APLICAÇÃO AO ENSINO

Etapa educacional: Do 3º ao 8º ano do Ensino Fundamental.

Habilidades desenvolvidas: Velocidade de reação, atenção e senso rítmico.

Interdisciplinaridade: Música e linguagem.

Comentários e sugestões: Uma vez que o jogo seja conhecido por todos os participantes, é interessante o orientador inventar outras canções com eles, que possam lhes ser mais próximas e motivadoras.

70 Na minha frente tem

Número de jogadores: De 2 a 6.
Idade: De 3 a 8 anos.
Material: É necessário um local onde existam muitas coisas. Pode ser em um ambiente interno ou externo.

Descrição

Sorteia-se alguém para iniciar o jogo perguntando para o restante dos jogadores.

O jogo consiste em que o aluno escolhido deve fixar-se em um objeto ou coisa em seu entorno e que todos possam ver. Uma vez que já esteja bem certo do que escolheu, começa a dizer:

– *Na minha frente tem* (diz o primeiro aluno).
– *O que será?* (os demais perguntam).
– *Vou dar uma pista* (responde o primeiro).
– *Que pista é?* (voltam a perguntar todos).
– *Começa com a letra...* (diz a primeira letra do objeto escolhido).
– *Que será, que será, que será?* (termina perguntando a todos).

A partir daí, os participantes vão dizendo coisas que acreditam ser aquela escolhida por quem pergunta, para tentar acertar a palavra.

Regras e penalidades

Os alunos devem fazer tentativas um de cada vez, até que todos tenham tido sua chance. Se alguém demorar além de um tempo previamente combinado para dizer a palavra que acredita ser a correta, perde a vez para o aluno seguinte.

Quando alguém adivinha a palavra escolhida, passa a comandar o jogo, sendo ele quem vai escolher um novo objeto, dando início a uma nova rodada.

Se após um certo tempo ninguém acertar, o jogo poderá ser um pouco facilitado, fornecendo-se algumas pistas: para que serve, novas letras, de que cor é, de que material é feito...

Variações

1) Nesta variação os versos dizem: *Na minha frente tem / O que será? / Diga suas letras / Começa por... e termina com...* Neste caso, o aluno que escolhe o objeto que os outros devem adivinhar diz a primeira e a última letras da palavra.

2) Outra forma de jogar é com as cores, adivinhando-se a cor principal do objeto escolhido. Os versos são assim: *Na minha frente tem / O que será? / Uma coisinha / De que cor? / Contém a cor...*

3) Também pode ser jogado com fonemas no lugar de letras: "*Começa pelo fonema...*"

Com alunos maiores o jogo pode ser feito com imagens que contenham muitos elementos: mapas, diagramas do corpo humano, paisagens... devendo quem escolhe a palavra perguntar por cidades, rios, ossos, músculos, animais, flores...

APLICAÇÃO AO ENSINO

Etapa educacional: Da Creche ao 3º ano do Ensino Fundamental.

Habilidades desenvolvidas: Observação e memória.

Interdisciplinaridade: Primeiros níveis: linguagem (vocabulário), Artes Plásticas (cores).

Comentários e sugestões: Ainda que tenhamos delimitado o número de jogadores até 6, para que o jogo seja mais fluido e todos possam passar pelo papel de perguntar, mais jogadores podem participar.

71 Localize a letra

Número de jogadores: De 2 em diante.
Idade: De 5 a 11 anos.
Material: Um local em que haja muitas coisas ao redor.

Descrição

Todos os jogadores ficam juntos e o orientador coloca-se de frente para eles. Quando ele diz uma letra, os jogadores têm de procurar e tocar algo em torno que contenha a letra escolhida.

Regras e penalidades

O último a tocar em algo fica uma rodada sem jogar. A mesma coisa acontece com quem se equivocar e tocar uma coisa que não tenha a letra escolhida. Estes ajudarão o orientador a identificar os últimos a encontrar a letra.

É permitido tocar duas vezes seguidas o mesmo objeto desde que ele tenha as letras escolhidas em cada rodada.

Variações

Determinar que a letra escolhida tenha que ser a primeira ou a última do objeto tocado.

APLICAÇÃO AO ENSINO

Etapa educacional: Da Pré-escola ao 6º ano do Ensino Fundamental.

Habilidades desenvolvidas: Observação visual.

Interdisciplinaridade: Linguagem.

Comentários e sugestões: O orientador deve se certificar de dizer letras que correspondam a objetos que existam no local, repetindo as mais frequentes e excluindo, se necessário, consoantes como K ou X.

---

72 Bate-bate humano

Número de jogadores: De 15 a 30.
Idade: De 8 a 13 anos.
Material: Vendas para todos os jogadores.

Descrição

Ao sinal do orientador, todos os participantes, com os olhos vendados, começam a se deslocar pelo espaço previamente delimitado. Os participantes que se chocarem uns com os outros vão sendo eliminados. O jogo termina quando restarem apenas cinco alunos que não esbarraram em ninguém. Estes serão os vencedores da rodada.

Regras e penalidades

Os participantes têm de se deslocar eretos, devagar e com ao menos uma das mãos estendida diante do corpo.

Quando dois jogadores se esbarram, ambos retiram as vendas e são eliminados do jogo.

Variações

1) Os alunos vendados deslocam-se aos pares, de mãos dadas.

2) Outra possibilidade: quando um aluno toca outro com a mão, o tocado é eliminado e o que tocou permanece no jogo.

3) O jogo também pode ser realizado de modo que os participantes não sejam eliminados ao se chocarem entre si, e sim, com 4 ou 5 elementos de determinada altura e peso, que não representem perigo a eles (p. ex., uma cadeira ou uma vara introduzida em um cone) e que tenham sido previamente dispostos no espaço do jogo.

APLICAÇÃO AO ENSINO

Etapa educacional: Do 3º ao 8º ano do Ensino Fundamental.

Habilidades desenvolvidas: Audição e estruturação espacial.

Comentários e sugestões: Tomar extremo cuidado para evitar elementos nos quais os alunos possam tropeçar.

73 Os números

Número de jogadores: De 20 a 40.
Idade: De 8 a 13 anos.
Material: Nenhum.

Descrição

Formam-se equipes de 10 jogadores. Cada equipe senta-se em fileira, numerando seus integrantes de 0 a 9. O orientador do jogo indica em voz alta um número, por exemplo, 150; os jogadores que correspondem ao 1, ao 5 e ao 0 se levantam e se colocam diante de sua equipe sobre uma linha traçada no chão, na ordem indicada.

Regras e penalidades

A equipe que se coloca antes e corretamente sobre a linha é a vencedora e recebe um ponto. A primeira a atingir um determinado número de pontos combinado de antemão vence. Trocam-se os alunos de posição para uma nova rodada começar.

Os números podem ter dois, três, quatro ou até mais algarismos. Só não podem conter números repetidos (p. ex., 2.402 não vale, porque o 2 se repete).

Variações

Em vez de utilizarmos números, podemos jogar com letras, cada equipe tendo as mesmas letras (ao menos 15 em cada uma). O orientador do jogo atribuiria as letras do alfabeto a cada jogador, omitindo as que são pouco frequentes quando utilizamos substantivos (p. ex., h, k, q, y, z etc.). Os substantivos a serem formados não devem repetir nenhuma letra, por exemplo: peso, marco, navio...; por exemplo, não valeria Joana (o "A" se repete).

APLICAÇÃO AO ENSINO

Etapa educacional: Do 3º ao 8º ano do Ensino Fundamental.

Habilidades desenvolvidas: Atenção e reflexos.

Interdisciplinaridade: Matemática e linguagem.

Comentários e sugestões: Pode ser praticado com menos jogadores (p. ex., equipes de 5), excluindo-se determinados números. A variação de letras é mais complicada, por isso deve ser praticada com alunos mais velhos.

---

74 Os aromas do ar

Número de jogadores: De 2 a 30.
Idade: De 5 a 9 anos.
Material: Pequenas caixas onde são introduzidas bolas de algodão impregnadas de odores diversos (p. ex.: perfume, alho, aguarrás, vinagre, café, cebola, azeite de oliva etc.). Cada qual em uma caixinha. Lápis e papel para cada jogador.

Descrição

O orientador prepara, sem a presença dos jogadores, bolinhas de algodão impregnadas com odores diferentes. Ele os introduz em caixinhas numeradas que são deixadas abertas. Uma vez terminada essa preparação, os jogadores se colocam em círculo e o orientador passa as caixinhas em ordem numérica. Os jogadores devem anotar em uma folha de papel, na mesma ordem, a que aroma acha que pertence cada caixinha. Quando todos terminarem, o orientador avalia os erros e acertos dos jogadores. Ganha quem tiver acertado o maior número de aromas.

Regras e penalidades

Cada jogador deve escrever o nome da origem dos aromas sem olhar o que os outros estão escrevendo.

Variações

Uns cinco perfumes ou aromatizadores de ambiente diferentes que tenham um odor bem definido são passados previamente por todos, para que possam ser cheirados e identificados pelo nome. O orientador prepara os algodões com tais aromas para seguir o mesmo processo exposto anteriormente.

APLICAÇÃO AO ENSINO

Etapa educacional: Da Pré-escola ao 4º ano do Ensino Fundamental.

Habilidades desenvolvidas: Olfato.

Interdisciplinaridade: Conhecimentos gerais.

Comentários e sugestões: Quando se realiza o jogo com alunos menores (inclusive com crianças pequenas), convém fazê-las conhecer, antes de iniciar o jogo, o nome associado ao aroma.

---

75 O som das horas

Número de jogadores: 13.
Idade: De 8 a 11 anos.
Material: Giz ou algo para traçar no chão. Uma venda para os olhos.

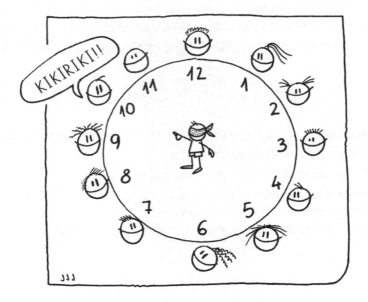

Descrição

Desenha-se no chão um grande círculo, de uns 3 ou 4 metros de diâmetro, representando um relógio. Um jogador vendado vai para o centro do círculo. Distribuem-se livremente os doze participantes restantes em cada uma das horas, sem que o colega vendado saiba suas posições.

O jogador do centro deve dizer: "O relógio marca...", acrescentando uma das doze horas (1, 5, 9...), ao mesmo tempo em que indica aproximadamente a direção de onde crê que está essa hora.

O jogador posicionado nessa hora tem de responder emitindo sons. O aluno vendado tentará adivinhar quem os produziu. Se acertar, os papéis são trocados e segue o processo exposto. Se errar, o jogador vendado tem de continuar em sua posição até conseguir acertar.

Regras e penalidades

É considerado erro tanto não acertar o nome do jogador que emitiu o som como confundir a direção da hora ao indicá-la com o braço.

A cada nova rodada, ao trocar-se o jogador do centro, os demais colegas têm de modificar suas posições nas horas.

Os que estão nas horas precisam ficar em extremo silêncio para não confundir o colega que tenta adivinhar.

Variações

1) Com um número maior de participantes, colocam-se dois jogadores em cada uma das horas. Quando forem indicados, ambos devem emitir sons. Para vencer, o jogador vendado tem de dizer corretamente o nome dos dois. Por sorteio, um deles passará para o centro.

2) Com um número maior de participantes (25), utilizar um "relógio digital" e mudar a disposição (todos enfileirados ou em semicírculo de frente para o aluno de olhos vendados). Nesse caso, o processo é o mesmo, salvo que, em vez de apontar, o aluno vendado deve indicar a hora verbalmente.

3) Combinar a obrigatoriedade de os alunos produzirem o mesmo som quando sua hora for apontada: sino, nota musical, voz de animal, onomatopeia de um instrumento, determinada palavra (nome do aluno que está no centro, o número de onde mora, cidade etc.).

APLICAÇÃO AO ENSINO

Etapa educacional: Do 3º ao 6º ano do Ensino Fundamental.
Habilidades desenvolvidas: Audição e imitação de sons.
Interdisciplinaridade: Música e conhecimentos gerais.

76 Amanhã tem excursão

Número de jogadores: De 4 a 20.
Idade: De 6 a 14 anos.
Material: Nenhum.

Descrição

Com os alunos dispostos livremente, o primeiro jogador diz:

– *Amanhã tem excursão, ele vai levar...* (e diz algo que se possa levar numa excursão, como por exemplo um cantil, um gorro ou uma lanterna).

O segundo deve dizer:

– *Amanhã tem excursão, eles vão levar...* (repete o que disse o colega anterior) *e eu vou levar...* (diz algo diferente).

O jogador seguinte e os demais terão de repetir na mesma ordem todas as coisas que já foram citadas pelos colegas e acrescentar uma nova no final.

O jogo continua assim até alguém errar.

Regras e penalidades

São considerados erros:

- Não recitar direito a frase.
- Enumerar as coisas já citadas fora da ordem original.
- Repetir algo para levar que já tenha sido citado antes.
- Não dizer nada ou demorar muito a dizer.
- Dizer algo que não seja adequado para ser levado numa excursão.

Variações

É possível realizar o jogo com outros temas como, por exemplo, os animais do zoológico:

> Primeiro: – *Amanhã vamos ao zoo e eu quero ver...* (diz o nome de um animal).

> Segundo e seguintes: – *Amanhã vamos ao zoo, eles vão ver...* (lista de animais citados) *e eu quero ver...* (acrescenta outro animal).

Modificando um pouco a frase, outros temas podem ser: nomes dos colegas do grupo, acidentes geográficos, personagens históricos, países, plantas, cores...

APLICAÇÃO AO ENSINO

Etapa educacional: Do 1º ao 9º ano do Ensino Fundamental.

Habilidades desenvolvidas: Memória e agilidade mental.

Interdisciplinaridade: Dependendo do tema escolhido, conhecimentos gerais.

Observações e sugestões: É um jogo bastante recomendável quando se quer reforçar algo que se deseja que os alunos aprendam ou recordem como, por exemplo, conhecer os nomes dos colegas no início do ano letivo ou para reforçar as coisas que devem levar em uma excursão. Com crianças menores, pode-se simplificar a frase.

77 Moedas no cofrinho

Número de jogadores: De 3 a 20.
Idade: De 6 a 14 anos.
Material: Duas vendas para os olhos. Seis moedas e duas caixinhas abertas (cofrinhos).

Descrição

Os jogadores são dispostos em um círculo de 2 a 4 metros de diâmetro. Dois deles se colocam no centro com os olhos vendados e, junto a eles, suas caixinhas. O orientador espalha as seis moedas dentro do círculo. Ao sinal combinado, os jogadores do centro tentarão encontrar as moedas, tendo de, cada vez que encontrarem uma, levá-la ao cofrinho.

Ganha quem conseguir levar três moedas primeiro.

Regras e penalidades

Não é permitido recolher, levar e guardar mais de uma moeda por vez. É permitido "roubar" moedas do cofrinho do colega e guardá-las em seu próprio, mas apenas uma de cada vez.

Os colegas sentados no círculo não podem dizer nada.

Variações

1) Facilitar ou dificultar o jogo com menos ou mais moedas.

2) Introduzir no círculo mais de dois participantes por vez. Trabalhar também com duas equipes de vários jogadores.

3) Permitir àqueles que estão no círculo ajudar seus colegas, dando-lhes algum tipo de pista (frio, quente, direita, estenda o braço...).

APLICAÇÃO AO ENSINO

Etapa educacional: Do 1º ao 9º ano do Ensino Fundamental.

Habilidades desenvolvidas: Orientação espacial e discriminação auditiva.

Observações e sugestões: Esse jogo guarda certa semelhança com outro conhecido, como "calçar a cadeira".

78 Nem sim, nem não

Número de jogadores: De 2 a 12.
Idade: De 8 a 14 anos.
Material: Nenhum.

Descrição

Um jogador começará a contar uma história ou conto. Os demais poderão interrompê-lo para perguntar algo, tendo o narrador que responder evitando dizer "sim" ou "não", utilizando palavras alternativas (talvez, pode, quase nunca, quem sabe...). Se o jogador se confunde e pronuncia a afirmação ou negação proibida, termina sua participação, sendo substituído por outro colega, que assume o papel de responder enquanto ele assumirá o papel de perguntar.

Regras e penalidades

Estipula-se previamente um tempo para o narrador contar a história (de 2 a 5 minutos).

Se quem está contando a história disser "sim" ou "não" durante sua narração, também perde, mesmo que a palavra proibida não tenha sido empregada numa resposta.

Variações

1) O jogo pode ser feito ao contrário, isto é, quem conta a história (orientador do jogo) faz perguntas aos demais participantes, tendo estes que evitar responder com as palavras proibidas ("sim" e "não"). Nesse caso, pode-se estabelecer um sistema de pontuação em que se vai somando pontos a cada erro ou, partindo todos de um número determinado, pontos vão sendo subtraídos a cada erro. Ganha quem houver perdido menos pontos ou tenha cometido menos erros.

2) Pode-se complicar mais o jogo acrescentando outras palavras proibidas como branco, negro, anteontem, logo, depois...

APLICAÇÃO AO ENSINO

Etapa educacional: Do 3º ao 9º ano do Ensino Fundamental.

Habilidades desenvolvidas: Atenção, memória, narrativa e criatividade.

Interdisciplinaridade: Linguagem.

Observações e sugestões: Esse jogo é interessante para se trabalhar a anulação das repetições viciosas que alguns alunos mostram em sua forma de falar.

79 Países

Número de jogadores: De 5 a 25.
Idade: De 8 a 15 anos.
Material: Nenhum.

Descrição

Sentados em círculo, os jogadores são denominados como vogal ou consoante de forma alternada. O orientador do jogo indica o primeiro a participar e a direção que deve seguir. Se o primeiro for vogal, terá de dizer um país que comece com uma vogal (p. ex., Alemanha). O jogador seguinte, que será consoante, terá de dizer outro país que comece por uma das consoantes contidas no nome do país citado anteriormente, neste caso, L, M, N ou H (p. ex., Nicarágua). O jogador seguinte (vogal) dirá outro país que comece por uma das vogais contidas no nome do país anterior, isto é, I, A ou U (como, p. ex., Uruguai), e assim sucessivamente, com todos os jogadores.

Regras e penalidades

É proibido repetir países na mesma rodada. É preciso limitar o tempo que se tem para citar o país.

Quando o orientador considera oportuno, trocará os papéis de vogais e consoantes entre os jogadores.

Variações

1) Jogar com duas equipes (vogais e consoantes), estabelecendo uma ordem de participação entre os integrantes de cada uma.

2) Realizar o jogo mudando o nome de países por cidades do mundo, animais, profissões etc.

APLICAÇÃO AO ENSINO

Etapa educacional: Do 3º ano do Ensino Fundamental ao 1º ano do Ensino Médio.

Habilidades desenvolvidas: Agilidade mental e memória.

Interdisciplinaridade: Linguagem, conhecimentos gerais e outras, conforme as variações.

Observações e sugestões: Esse jogo é muito interessante para se trabalhar o vocabulário conforme os temas abordados.

80 Palavra e bola

Número de jogadores: De 15 a 30.
Idade: De 8 a 15 anos.
Material: Uma bola.

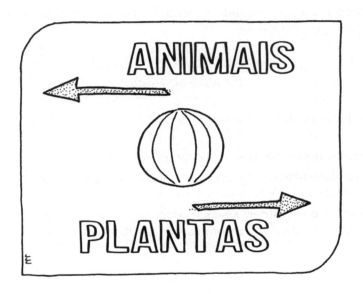

Descrição

Os jogadores sentam-se em roda. O orientador do jogo determina dois temas mais ou menos relacionados, como, por exemplo, animais e plantas. Depois entrega a bola a um jogador e lhe indica a direção que deve seguir (p. ex., para a direita). Ao seu sinal, a bola circulará de mão em mão ao mesmo tempo em que, na direção contrária (para a esquerda), os jogadores irão dizendo o nome de um animal. Quando a bola chegar às mãos do último jogador que tem de dizer o nome de um animal, troca-se o tema e inicia-se a série de nomes de plantas, enquanto ambos (bola e tema) seguem em direção oposta.

Regras e penalidades

É proibido repetir palavras numa mesma rodada ou dizer nomes que não pertençam ao tema.

Serão eliminados numa rodada os jogadores que:

- Demorem muito a dizer uma palavra (p. ex., 3 a 5 segundos).
- Repitam o mesmo nome durante a mesma rodada.
- Digam um nome que não pertença ao tema escolhido.
- Percam o controle da bola.

Variações

Os temas podem ser muito variados, como, por exemplo: atletas e escritores, cidades e países, frutas e outros alimentos, nomes e sobrenomes de pessoas etc. Mudar mais de dois temas (p. ex., animais do mar, da terra ou do ar, alternados com instrumentos do encanador, do médico ou do professor).

APLICAÇÃO AO ENSINO

Etapa educacional: Do 3º ano do Ensino Fundamental ao 1º ano do Ensino Médio.

Habilidades desenvolvidas: Memória, agilidade mental e coordenação olho-mão.

Interdisciplinaridade: Linguagem. Outras, conforme as variações.

Observações e sugestões: A bola pode ser substituída por outro objeto (garrafa plástica, gorro...).

81 Duplas de estátuas

Número de jogadores: De 11 a 25.
Idade: De 10 a 14 anos.
Material: Uma venda para tapar os olhos.

Descrição

Um jogador escolhido ao acaso é vendado. O restante dos colegas forma duplas. Cada integrante das duplas adota a mesma posição de seu par (sentados com as pernas cruzadas, com os braços para cima, deitados...), distribuídos pelo espaço de jogo, porém, distantes entre si.

Ao sinal combinado ("Já!"), o aluno vendado tem de movimentar-se para tentar encontrar os colegas (estátuas) que estão na mesma pose. Cada vez que localizar uma dessas duplas, ele tem de levar um de seus integrantes até o seu par.

Regras e penalidades

A cada rodada se dá o mesmo tempo para os alunos com os olhos vendados, computando-se o número de duplas que cada um conseguiu reunir. Outra possibilidade é marcar o tempo que cada um leva para juntar todas as duplas, vencendo aquele que conseguir completar a tarefa em menos tempo.

Nenhuma dupla pode repetir a posição de outros jogadores.

O aluno vendado não pode receber pistas dos colegas.

Variações

1) Também é possível que sejam mais de dois que se coloquem na mesma pose (3 ou 4), tanto se o jogador vendado souber de antemão que deve formar trios ou quartetos, ou se desconhecer quantos elementos compõem cada grupo.

2) Se o grupo de participantes for muito numeroso, pode-se vendar dois alunos, que terão de realizar a tarefa em equipe no menor tempo possível ou competindo entre si para ver qual dos dois forma mais duplas.

APLICAÇÃO AO ENSINO

Etapa educacional: Do 5º ao 9º ano do Ensino Fundamental.

Habilidades desenvolvidas: Estruturação espacial, memória e tato.

Observações e sugestões: A última variação proposta é mais complicada e deve ser praticada com alunos mais velhos.

82 Passa o bambolê

Número de jogadores: De 5 a 25.
Idade: De 6 a 13 anos.
Material: Um bambolê de 50 a 80 centímetros de diâmetro (conforme a altura dos participantes).

Descrição

Os jogadores se dispõem em círculo de mãos dadas, sendo que um deles apoia um bambolê em um de seus braços. Ao sinal do orientador, os alunos têm de passar o bambolê de um participante para o outro sem soltarem as mãos, até que o bambolê tenha dado a volta completa na roda.

Regras e penalidades

Se alguém soltar a mão, a atividade recomeça com o bambolê nesse ponto onde o círculo se interrompeu, e o bambolê, a partir daí, terá que dar uma volta completa.

Variações

1) A disposição inicial pode ser modificada (em quadrado, em fileira ou em espiral).
2) Utilizar mais de um bambolê e variar de tamanho.
3) Utilizar uma corda atada pelas extremidades, formando um anel.
4) Realizar o exercício com os alunos sentados ou em movimento num círculo (ou outra formação escolhida).
5) Duas equipes de igual número, partindo da mesma posição e com o mesmo tipo de bambolê, para ver quem completa a volta primeiro.

APLICAÇÃO AO ENSINO

Etapa educacional: Do 1º ao 8º ano do Ensino Fundamental.
Habilidades desenvolvidas: Cooperação e flexibilidade.

---

83 Passa rápido

Número de jogadores: De 4 a 25.
Idade: De 6 a 12 anos.
Material: Qualquer objeto (bola, lápis, livro, pedra etc.).

Descrição

Os jogadores sentados em círculo devem passar o objeto de mão em mão no sentido previamente combinado e sem poder voltar atrás. Quando o orientador do jogo diz uma palavra acordada de antemão ("Alto!", "Já!", "Stop!"...), quem estiver com o objeto na mão é eliminado. O jogo prossegue assim, até que reste apenas um participante.

Regras e penalidades

O objeto não pode ser lançado, e sim, passado de mão em mão; e se alguém desobedecer essa regra, é eliminado.

Variações

1) Quando há muitos participantes podemos utilizar mais de um objeto, iguais ou diferentes.

2) Para não haver eliminações, quem perder pode ficar uma ou mais rodadas sem jogar. Também é possível estabelecer um sistema de pontuação da seguinte forma: todos partem de 10 pontos; quem estiver segurando o objeto quando a rodada for interrompida perde 1 ponto e, depois de várias rodadas, faz-se a contagem dos pontos de cada um.

3) Utilizar um aparelho de som para que, enquanto a música toca, os participantes passem o objeto, e quando ela deixe de soar, quem estiver com o objeto perde (ou a vez ou é eliminado ou perde pontos).

APLICAÇÃO AO ENSINO

Etapa educacional: Do 1º ao 7º ano do Ensino Fundamental.

Habilidades desenvolvidas: Velocidade e reflexos.

Interdisciplinaridade: Na última variação, música.

Observações e sugestões: A origem deste jogo encontra-se em outro conhecido como "bomba" ou "batata quente".

84 Telefone sem fio

Número de jogadores: De 10 a 30.
Idade: De 6 a 9 anos.
Material: Nenhum.

Descrição

Todos os jogadores sentam-se em círculo. O orientador do jogo indica um aluno para começar, que inventa uma frase e a sussurra no ouvido do colega à direita; este, por sua vez, repete-a no ouvido do companheiro à sua direita, e assim sucessivamente, até chegar ao primeiro. Este, em voz alta, diz ao grupo a frase inicial que inventou e a frase que lhe chegou depois de rodar o círculo, constatando se há diferenças ou se é idêntica. O jogo é reiniciado, sendo que o jogador seguinte ao que começou inventa outra frase, que segue o mesmo processo. O jogo continua até que todos os participantes tenham inventado uma frase.

Regras e penalidades

O orientador deve lembrar a todos os jogadores que eles devem transmitir a frase tal como a recebem, e que devem passá-la ao colega seguinte sem que seja ouvida pelo restante do grupo.

Variações

1) A formação para jogar pode ser outra: fileira, semicírculo, de pé, com os alunos sentados na sala de aula exatamente como estiverem acomodados etc.
2) Fixar um número mínimo e máximo de palavras.
3) Obrigação de usar certas palavras, determinadas pelo orientador do jogo.

APLICAÇÃO AO ENSINO

Etapa educacional: Do 1º ao 4º ano do Ensino Fundamental.

Habilidades desenvolvidas: Audição, memória e criatividade.

Interdisciplinaridade: Linguagem. Outras áreas de acordo com as palavras obrigatórias.

85 Passa a pedra

Número de jogadores: De 10 a 20.
Idade: De 6 a 12 anos.
Material: Uma pedra que possa ser escondida em uma mão ou outro objeto pequeno similar.

Descrição

Os jogadores, dispostos em círculo, sentados ou ajoelhados, colocam as palmas das mãos no chão. Um deles esconde a pedra debaixo de uma mão.

Depois, um jogador escolhido por acaso e que inicialmente foi separado do grupo senta-se no centro do círculo, sem saber quem está com o objeto debaixo da mão.

Os jogadores tentarão passar a pedra um para o outro, de mão em mão, sem serem percebidos pelo jogador do centro. Enquanto isso, ele tentará descobrir quem é que está com a pedra. Quando ele achar que já sabe, gritará uma palavra combinada de antemão ("Parados!", "Stop!"...), e os jogadores do círculo interromperão a passagem da pedra. Nesse momento, o jogador do centro do círculo indicará quem ele acha que tem a pedra. Se acertar, troca de papel com ele; se não, continua tentando.

Regras e penalidades

O jogador do centro pode se deslocar, mas não pode ficar de pé. Os que estão sentados no círculo podem fazer gestos simulando a passagem da pedra para enganá-lo.

O número de tentativas para adivinhar quem está com a pedra pode ser limitado.

Variações

1) Se forem muitos jogadores, pode-se usar apenas uma mão para esconder a pedra.

2) Essa brincadeira também é feita utilizando-se uma bolinha no lugar da pedra. Os participantes sentados no chão com as mãos para trás tentam passar a bolinha uns para os outros sem serem descobertos pelo jogador do centro. Pode-se trocar a bolinha por outro objeto: garrafa de plástico, sapato...

3) Com crianças maiores, é possível complicar o jogo fazendo com que os jogadores do círculo se coloquem de pé. O objeto terá de ser algo achatado, como uma moeda ou uma peça que possa ser escondida debaixo do pé. Nesse caso, tal objeto será passado de um para o outro com os pés.

APLICAÇÃO AO ENSINO

Etapa educacional: Do 1º ao 7º ano do Ensino Fundamental.

Habilidades desenvolvidas: Atenção, observação e tato.

86 O capitão mandou

Número de jogadores: De 6 em diante.
Idade: De 6 a 14 anos.
Material: Nenhum.

Descrição

O jogo começa com a escolha de uma pessoa com a função de coordenar ou dirigir, sendo sua tarefa dar certas ordens ao restante dos participantes. Só que, se tais ordens forem precedidas da frase "O capitão mandou...", os demais jogadores devem obedecer; mas se a ordem for dada sem essa frase ou ela não for pronunciada com exatidão, os jogadores não têm de obedecer e devem prosseguir com a última ação que eles estavam realizando.

As ações devem ser condizentes com o espaço de jogo, o número de jogadores e com a mobilidade que eles têm. Alguns exemplos, quando espaço de jogo e mobilidade são limitados, podem ser:

- *O capitão mandou... tocar uma orelha.*
- *O capitão mandou... levantar o braço direito.*
- *O capitão mandou... mostrar a língua.*
- *O capitão mandou... tocar em outro jogador.*
- *O capitão mandou... se levantar.*

O orientador do jogo tentará confundir os jogadores trocando rapidamente a ação e alternando de forma inesperada as frases, realizando certas modificações como "O diretor mandou...", "O capitão ordenou...", "O capitão falou para...", casos em que os participantes não devem obedecer.

Regras e penalidades

O jogador que realizar uma ação de forma errada será eliminado ou receberá um ponto negativo. Ganha quem ficar por último ou quem tiver menos pontos negativos.

Variações

A frase usada para dar as ordens pode ser mudada ("Pedro mandou...", "E agora é para...", "O mago ordenou...", "A girafa mandou..." etc.).

O último a realizar a ação também pode ser penalizado.

APLICAÇÃO AO ENSINO

Etapa educacional: Do 1º ao 9º ano do Ensino Fundamental.

Habilidades desenvolvidas: Atenção, agilidade mental e velocidade de reação.

Interdisciplinaridade: Com crianças menores pode-se relacionar com linguagem e conhecimentos gerais.

Observações e sugestões: Para tornar o jogo mais próximo da realidade das crianças, pode-se personalizar com uma frase mais familiar a elas como: *"No colégio fulano disse...", "No acampamento se faz...", "O diretor fulano falou..."*

87 Bota o chapéu

Número de jogadores: De 15 a 30.
Idade: De 6 a 13 anos.
Material: Três chapéus ou gorros e três vendas para cobrir os olhos.

Descrição

Todo o grupo senta-se formando um círculo, menos dois alunos escolhidos pelo orientador do jogo, que vão para o centro do círculo, onde também se sentam, e serão os protagonistas da primeira rodada do jogo. Os dois são vendados e têm de encontrar três chapéus ou gorros espalhados de forma aleatória pelo chão; quando encontram um, precisam colocá-lo na cabeça de qualquer dos colegas que formam o círculo, e depois continuar procurando outro chapéu para colocá-lo em mais um colega. Vence quem conseguir colocar dois chapéus.

Regras e penalidades

Os jogadores do círculo não podem deixar que os dois do centro saiam do perímetro e também não podem orientá-los.

Variações

1) O número de jogadores dentro do círculo poderá ser mudado, assim como o número de chapéus ou gorros conforme o total de jogadores (começando por apenas um).

2) É possível substituir os chapéus por lenços, que devem ser amarrados no pulso de um colega.

3) Outra forma de jogar poderia ser não vendando os alunos do centro do círculo. Espalham-se 10 ou 12 lenços que, como na variação anterior, devem ser amarrados em alguma parte do corpo de um colega.

Quando os lenços acabam, contabiliza-se o número que cada jogador amarrou nos colegas para se definir o vitorioso.

4) Os jogadores só podem colocar o chapéu em determinados colegas designados a cada um deles e sentados separados entre si no círculo. A dinâmica é igual à explicada anteriormente, mas é permitido tirar o chapéu colocado em uma cabeça pelo adversário e deixá-lo no chão novamente. Se um jogador coloca o chapéu por engano na cabeça de um colega designado ao seu adversário, o ponto vale mesmo assim.

APLICAÇÃO AO ENSINO

Etapa educacional: Do 1º ao 8º ano do Ensino Fundamental.
Habilidades desenvolvidas: Senso de orientação, tato e velocidade.
Observações e sugestões: A variação 3, que não utiliza vendas, pode ser realizada por alunos mais velhos.

88 Arrumando tudo

Número de jogadores: 2, 4, 6... (sempre pares).
Idade: De 5 a 12 anos.
Material: Pequenos objetos como clipes, lápis, tampas de canetas, apontadores, palitos de dentes, bolas de gude, grãos etc. Deve haver ao menos 10 ou 15 unidades de cada item escolhido. Vendas para cobrir os olhos dos jogadores.

Descrição

Os jogadores, de forma individual ou em duplas, atuarão um contra o outro com os olhos vendados. O orientador do jogo derrama todos os pequenos objetos misturados sobre uma mesa, ou no chão, diante dos participantes dispostos previamente.

A um sinal combinado, os jogadores devem catar os objetos e colocá-los perto deles, de forma ordenada e classificada (palito com palito, apontador com apontador, clipe com clipe etc.).

O objetivo é conseguir o maior número de objetos.

Regras e penalidades

Inicialmente, fica combinado quantos objetos diferentes haverá no jogo, bem como a quantidade de cada tipo. Marca mais pontos quem conseguir separar melhor os objetos. Não se pode formar mais de um montinho de um mesmo objeto; se isso ocorrer, não se computam os pontos desses montinhos.

Quando a brincadeira é realizada em duplas, há duas formas de jogar: uma em que cada indivíduo da dupla amontoa seus objetos, e depois somam-se os pontos que os dois obtiveram individualmente; a outra em que ambos os jogadores amontoam os objetos em uma zona comum combinada por eles.

Variações

O mesmo jogo pode ser realizado com objetos grandes e um maior deslocamento, para o qual é necessário um espaço maior; por exemplo, em um ginásio esportivo, com material de educação física (diversos tipos de bolas, cordas, bambolês etc.).

APLICAÇÃO AO ENSINO

Etapa educacional: Da Pré-escola ao 7º ano do Ensino Fundamental.

Habilidades desenvolvidas: Jogo sensorial (tato). Estruturação espacial.

Interdisciplinaridade: Artes Plásticas: materiais e formas.

Comentários e sugestões: A variação do jogo com objetos maiores no ginásio esportivo, quando há muito material e sem que as crianças tapem os olhos, é muito útil para lhes ensinar a recolher e guardá-los nos locais apropriados. Esse jogo pode ser realizado no modo de competição, com várias equipes (2, 3, 4...) e mais de dois integrantes por equipe. Nesse caso, as equipes devem participar por rodadas, recolhendo todo o material distribuído pela sala; cronometra-se para definir qual equipe realizou a tarefa em menos tempo. Esta será a vencedora.

89 Faça o gesto

Número de jogadores: De 5 a 25.
Idade: De 3 a 9 anos.
Material: Nenhum.

Descrição

Qualquer disposição dos alunos é válida (círculo, semicírculo, livre...).

O orientador do jogo propõe determinadas palavras às quais estão associados gestos combinados de antemão. Assim, por exemplo:

- Lua: círculo com os braços.
- Camiseta: tocar o próprio peito com as mãos.
- Livro: ler e virar páginas.
- Serpente: mover o braço como uma serpente.

Em seguida, o orientador começa a contar uma história e cada vez que se repete cada uma dessas palavras, os jogadores têm de realizar o gesto correspondente. Vale como exemplo a seguinte história:

"Era uma vez um menino que estava lendo um livro (gesto) quando, de repente, observou que havia uma grande lua (gesto). Assim que ele deixou seu livro (gesto) sobre a cama, vestiu sua camiseta (gesto) e foi para a rua para ver melhor a lua (gesto). Mas, justo quando saía, viu uma serpente (gesto). Ele sabia que era uma serpente (gesto) porque já vira iguais em um livro (gesto) de animais..."

Regras e penalidades

Os alunos devem fazer o gesto combinado e não é válido outro, mesmo que também se assemelhe à palavra mencionada.

Variações

1) É possível dizer mais ou menos palavras e fazer mais ou menos gestos conforme a idade dos participantes.
2) Outra possibilidade com crianças maiores é realizar o gesto tanto para a palavra combinada como com outras derivadas dela (carro, carroça, carreta, carreata...).

APLICAÇÃO AO ENSINO

Etapa educacional: Da Creche ao 4º ano do Ensino Fundamental.

Habilidades desenvolvidas: Velocidade de reação, memória e mímica.

Interdisciplinaridade: Linguagem. Vocabulário de matérias diversas, conforme as palavras escolhidas.

Comentários e sugestões: É um jogo interessante quando se deseja trabalhar determinadas palavras que precisam ser reforçadas.

90 Reconhecendo o colega

Número de jogadores: De 5 a 25.
Idade: De 6 a 12 anos.
Material: Uma venda para cobrir os olhos.

Descrição

Qualquer disposição dos participantes é válida (em círculo, semicírculo, enfileirados...). Um jogador situa-se diante do grupo com os olhos vendados. O orientador designa um número a cada um dos participantes, começando por 1. O aluno vendado diz em voz alta um número e o jogador correspondente vai para perto dele. O aluno vendado pode tocar-lhe o rosto com as mãos, o cabelo, os braços... a fim de reconhecer o colega. Passado um tempo, diz seu nome. Se errar, o jogador que se aproximou se retira em silêncio e o vendado chama outro número. Se acertar, passa a venda para o colega chamado, que passará a adivinhar, e ele próprio vai para o círculo, que volta a se numerar de outra forma para o jogo recomeçar.

Regras e penalidades

O aluno vendado só pode dizer um nome quando achar que sabe quem é o colega; o grupo deve manter-se em silêncio e não pode dar pistas. O jogador que se levanta para ser reconhecido pode dificultar a tarefa do outro, ficando nas pontas dos pés para parecer mais alto, agachando-se etc.

Variações

1) Em vez de tentar acertar o nome do colega pelo tato, o jogador tem de fazê-lo por meio de um determinado número de pistas:
– É menino?
– É moreno?
– Joga futebol muito bem?
O restante da dinâmica seria o mesmo.
2) Outra opção seria a de que o jogador vendado tenha de identificar o colega sem usar as mãos, por outros meios: com o olfato, o rosto, cotovelos, ombros etc.

APLICAÇÃO AO ENSINO

Etapa educacional: Do 1º ao 7º ano do Ensino Fundamental.

Habilidades desenvolvidas: Tato, capacidade de observação e memória.

Interdisciplinaridade: Linguagem na variação em que se podem utilizar pistas.

Observações e sugestões: É um jogo que pode ser interessante para trabalhar a coeducação.

91 Imitações

Número de jogadores: A partir de 4.
Idade: De 5 a 9 anos.
Material: Nenhum.

Descrição

Os jogadores se dividem em duplas. O orientador irá propondo diferentes situações para as duplas imitarem, começando pelas mais fáceis, e complicando-as cada vez mais:

- Macaco e tigre
- Anão e gigante
- Cachorro e seu dono
- A letra "i" e seu pingo
- Cavalo e cavaleiro
- Domador e leão
- Cama e colchão
- Círculo e quadrado

- Mesa e cadeira
- Prato e bolo
- Lua e estrela
- Vaso e flor
- Sapato e pé
- Croquete e almôndega
- Papel e lápis
- Nuvem e chuva

Regras e penalidades

Não existe nenhum tipo de punição e as regras estão limitadas ao exposto. Qualquer empenho na realização da representação é válido.

Variações

Organizar o jogo com trios em lugar de duplas, com propostas como: elefante, tubarão e abutre; maçã, banana e morango; colher, garfo e faca...

APLICAÇÃO AO ENSINO

Etapa educacional: Da Pré-escola ao 4º ano do Ensino Fundamental.

Habilidades desenvolvidas: Criatividade e imitação. É possível trabalhar outras capacidades, como o equilíbrio e a flexibilidade, desde que o orientador organize uma proposta de exercícios nos quais atuem tais capacidades (p. ex., um guindaste, uma girafa, uma goma de mascar etc.).

Interdisciplinaridade: Conhecimentos gerais.

Comentários e sugestões: É um jogo cooperativo, não competitivo; como em outras propostas para trabalhar a criatividade, o orientador deve apoiar e elogiar as imitações dos participantes.

É interessante pedir explicação da figura representada aos jogadores, sobretudo daquelas mais complicadas. As crianças, com sua imaginação, sabem muito bem o que desejam imitar, ainda que suas imitações nem sempre sejam entendidas pelos adultos.

92 Siga o aroma

Número de jogadores: De 5 a 30.
Idade: De 6 a 11 anos.
Material: Algo de aroma intenso: vinagre, alho, perfume, aguarrás...

Descrição

Dentro do espaço de jogo (sala de aula, ginásio esportivo...), o orientador, na ausência dos participantes, esconde um ingrediente na mão, por exemplo, dois ou três alhos sem casca, algodões impregnados de aguarrás, perfumes... Os jogadores entram e, pelo olfato, devem descobrir de onde vem o cheiro; quem descobrir deve fingir que ainda não encontrou e continuar procurando. Passado um tempo previamente estabelecido pelo orientador, o jogo é interrompido e aqueles que acham que sabem de onde vem o cheiro levantam a mão e indicam o lugar, ganhando aqueles que acertarem.

Regras e penalidades

Nenhum participante deve revelar o local em que se encontra o ingrediente até que o orientador indique que é o momento. Se alguém o fizer, será eliminado e só poderá jogar na rodada seguinte.

Variações

O orientador pode utilizar vários ingredientes de uma vez, escondidos em locais diferentes. Os jogadores têm de memorizar o local onde acham que cada um se encontra.

APLICAÇÃO AO ENSINO

Etapa educacional: Do 1º ao 6º ano do Ensino Fundamental.

Habilidades desenvolvidas: Olfato.

Interdisciplinaridade: Conhecimentos gerais.

Comentários e sugestões: Os participantes precisam conhecer previamente o aroma a ser descoberto.

93 Siga o rei

Número de jogadores: De 5 a 30.
Idade: De 10 a 14 anos.
Material: Nenhum.

Descrição

Todos os jogadores formam um semicírculo e diante deles, no centro, situa-se o "Rei", designado pelo orientador do jogo. Cada um, inclusive o "Rei", escolhe uma profissão para si próprio.

Ao sinal de início, todos começam a executar a simulação do trabalho escolhido, por exemplo, o "pintor" simula molhar o pincel na tinta e dar pinceladas; o "empregado doméstico" varre e esfrega o chão; o "carpinteiro" serra e lixa a madeira; o "guarda de trânsito" orienta o tráfego etc.

O "Rei", a qualquer momento, deixa de executar sua profissão e começa a executar a de um jogador qualquer e, nesse mesmo momento, todos imitam o ofício que ele escolheu. Quando o "Rei" volta ao seu ofício original, os demais jogadores voltam a executar a profissão original de cada um, e assim sucessivamente.

Regras e penalidades

O "Rei" deve mudar com rapidez a profissão que imita, seja de um colega ou ao voltar para a sua própria, a fim de dificultar seu acompanhamento e provocar equívocos ou demoras. Quem incorrer em tais erros recebe pontos negativos, vencendo aquele que menos vezes houver errado.

Variações

Limitar a escolha de atividades a imitar, por exemplo: a prática de um esporte; animais (em geral ou um grupo específico: domésticos, selvagens...).

Além da utilização da mímica de maneira exclusiva, os alunos também podem acompanhar sua imitação com ruídos onomatopeicos típicos da atividade.

APLICAÇÃO AO ENSINO

Etapa educacional: Do 5º ao 9º ano do Ensino Fundamental.

Habilidades desenvolvidas: Atenção.

Interdisciplinaridade: Conhecimentos gerais.

Observações e sugestões: Esta brincadeira pode ser considerada uma variação do jogo popular "Antón Pirulero".

94 Não passe da linha

Número de jogadores: De 2 a 14.
Idade: De 6 a 11 anos.
Material: Uma venda para cada jogador. Um objeto pessoal diferente para cada participante (lenço, bola, brinquedinho, lápis, luva...).

Descrição

Os jogadores se colocam sobre uma linha traçada no chão, enfileirados um ao lado do outro, com os olhos vendados e com seu objeto nas mãos. Na frente deles, distante uns 5 metros, traça-se outra linha no chão. Quando o orientador der o sinal de partida, todos devem caminhar até a segunda linha, aproximar-se o máximo possível dela e deixar seu objeto no chão, sem que ultrapassem a linha; depois, devem retornar ao ponto de partida. Ninguém pode tirar a venda dos olhos até o orientador mandar.

Vence quem tiver conseguido deixar seu objeto mais perto da segunda linha.

Regras e penalidades

O objeto não pode ultrapassar a linha. Fica combinado de antemão entre os participantes se deixar o objeto tocar a linha é válido.

Variações

Jogar em equipes, atuando 3 ou 4 de cada vez. O orientador precisa dispor de um metro ou trena para apurar a soma total das distâncias de cada objeto dos integrantes de um mesmo grupo.

APLICAÇÃO AO ENSINO

Etapa educacional: Do 1º ao 6º ano do Ensino Fundamental.

Habilidades desenvolvidas: Sensorial e orientação espacial.

Comentários e sugestões: A distância entre as duas linhas irá variar de acordo com a idade e/ou capacidade dos participantes.

95 Sou adivinho

Número de jogadores: De 2 a 20.
Idade: De 6 a 9 anos.
Material: Nenhum.

Descrição

Todos os jogadores se colocam sentados em semicírculo. Um aluno é designado para ser o orientador do jogo e senta-se diante deles, escolhendo, em seguida, um colega para ser o "adivinho". Este terá que se ajoelhar no chão, apoiando a cabeça sobre as pernas do orientador, de forma que fique de costas para os outros colegas e não possa vê-los. Nessa posição, o orientador indica um ou dois jogadores para que, sem serem ouvidos, aproximem-se do adivinho e coloquem sobre as suas costas entre 1 e 5 dedos de uma das mãos. O adivinho tentará acertar quantos dedos e quantos colegas o estão tocando.

Regras e penalidades

Se o adivinho acertar o número de dedos que colocaram em suas costas e souber quantos foram os colegas que fizeram isso, dá o seu lugar a outro participante, escolhido pelo orientador do jogo.

Os colegas devem exercer certa pressão com os dedos sobre as costas do adivinho; não é permitido roçar suavemente.

Variações

1) Para complicar o jogo, o orientador pode aumentar o número de dedos. Também pode ser maior o número de crianças que tocam o adivinho. Se forem muitos, reduzir o número de dedos que eles podem colocar.

2) Trocar as partes do corpo onde se deve tocar: o rosto, uma mão, o braço... ou todo o corpo.

APLICAÇÃO AO ENSINO

Etapa educacional: Do 1º ao 4º ano do Ensino Fundamental.

Habilidades desenvolvidas: Audição e tato.

Interdisciplinaridade: Matemática.

Comentários e sugestões: Esta brincadeira guarda certa semelhança em sua estrutura com o popular jogo "Recotín, recotán".

96 Terra, mar e ar

Número de jogadores: De 3 em diante.
Idade: De 6 a 12 anos.
Material: Nenhum.

Descrição

O orientador será o encarregado de organizar a brincadeira. Os participantes se distribuem ocupando todo o espaço de jogo e suas possibilidades de movimento.

O orientador dirá uma das três palavras que dão nome ao jogo e em seguida os jogadores devem responder com um determinado gesto o mais rápido possível. Os gestos são:

- *Terra!*: Os jogadores batem palmas.
- *Mar!*: Os jogadores fazem o movimento de onda com o braço.
- *Ar!*: Os jogadores levantam ambos os braços.

Essas palavras se repetirão na ordem que o orientador decidir, com rapidez e com a intenção de confundir os participantes, que devem ficar atentos às palavras para responder corretamente com a ação adequada.

Regras e penalidades

O jogador que não fizer corretamente o gesto ou não reagir com rapidez recebe um ponto. Vence quem tiver menos pontos.

Variações

1) A origem do jogo apresenta ações que exigem maior movimentação (como sentar-se no chão, dar um salto, dar uma volta etc.); tais ações devem ser variadas de acordo com o espaço e a capacidade dos jogadores.

2) O orientador pode utilizar números ou trocar as palavras (p. ex.: cachorro, pardal, girafa; porta, janela, varanda; alegre, estudioso, barulhento...) e as ações (imitar o voo, fechar os olhos, mover as mãos etc.).

3) Outra opção, sobretudo quando há muitos participantes, é eliminar quem realizar uma ação equivocada ou que permanecer uma ou várias rodadas sem jogar.

APLICAÇÃO AO ENSINO

Etapa educacional: Do 1º ao 7º ano do Ensino Fundamental.

Habilidades desenvolvidas: Atenção, agilidade mental e velocidade de reação.

Interdisciplinaridade: O jogo pode se relacionar com diferentes áreas do currículo dependendo das palavras e ações utilizadas.

97 Toque de novo

Número de jogadores: De 2 em diante.
Idade: De 6 a 11 anos.
Material: Objetos diversos de tamanhos diferentes (garrafa, livro, bola, martelo, relógio, lâmpada, luva, fruta...).

Descrição

A primeira providência é escolher um jogador, que deverá afastar-se do local de jogo. Depois, colocam-se sobre uma mesa cinco ou seis objetos que serão cobertos por um pano, mais ou menos grosso, que não seja transparente.

Em seguida, chama-se o jogador que saiu. Ele terá de adivinhar quais são os objetos passando a mão por cima do pano.

Regras e penalidades

É preciso delimitar um tempo. O jogador pode tocar quantas vezes quiser em cada um dos objetos antes de dizer seus nomes.

A cada novo jogador, todos ou alguns objetos devem ser trocados.

Variações

1) O número de objetos pode ser aumentado ou diminuído.

2) Outra forma de jogar é colocar as peças a serem descobertas dentro de uma caixa com tampa ou com dois buracos para que o participante introduza as mãos, apalpe os objetos e possa identificar e dizer o que são.

3) A brincadeira pode ser feita com duas equipes que alternem a participação e com todos os integrantes de uma vez, ganhando o grupo que reconhecer mais objetos num tempo preestabelecido.

APLICAÇÃO AO ENSINO

Etapa educacional: Do 1º ao 6º ano do Ensino Fundamental.
Habilidades desenvolvidas: Tato.

98 Una-se ao grupo

Número de jogadores: De 8 em diante.
Idade: De 6 a 9 anos.
Material: Nenhum.

Descrição

Todos os participantes se distribuem pelo espaço de jogo livremente, permanecendo quietos em um lugar ou deslocando-se devagar. Em seguida, o orientador do jogo determinará um ou mais grupos, como: os que têm cadarços nos calçados e os que não têm; os altos e os baixos; os que têm a cor vermelha nas roupas e os que não têm; os louros, morenos e os ruivos; e por aí vai, segundo semelhanças e diferenças que apresentem os jogadores (botões, cor de olhos, zíperes, roupas listradas, camisetas...). Depois dessa indicação, o orientador dará o aviso "Já!", momento em que todos devem correr e reunir-se o mais rápido possível com os que pertencem ao grupo indicado.

Regras e penalidades

O último aluno a se reunir com seu grupo fica sem jogar a próxima rodada, ajudando o orientador na tarefa de determinar quem foi o que demorou mais para se juntar ao grupo que pertence.

Variações

1) Todos devem partir de uma mesma posição de saída, por exemplo: sentados no chão com as pernas cruzadas, deitados de bruços, de quatro...

2) Os grupos formados têm de ter um limite de integrantes (p. ex., de três a cinco); se há alunos em excesso em determinado grupo, eles devem formar um ou mais grupos.

APLICAÇÃO AO ENSINO

Etapa educacional: Do 1º ao 4º ano do Ensino Fundamental.

Habilidades desenvolvidas: Observação, memória e velocidade de reação.

Interdisciplinaridade: Artes Plásticas (cores e formas).

99 Jogo das vogais

Número de jogadores: De 10 a 30.
Idade: De 6 a 9 anos.
Material: Nenhum.

Descrição

Todo o grupo de jogadores se distribui de modo aleatório pelo espaço de jogo. De forma espontânea, vão dizendo e repetindo o primeiro nome e se agrupando com os que coincidem na primeira vogal (p. ex., Marcos, Alexandre... no grupo da vogal "A"; Pedro, Renato... no grupo da vogal "E" etc.). Separados os 3, 4 ou 5 grupos no máximo, os alunos de cada grupo combinam entre si a escolha de uma canção que a maioria conheça (ou inventam uma), cuja letra contenha apenas a sua respectiva vogal. Quando todos terminarem (5 minutos no máximo para todos escolherem a canção), o orientador começa a seguinte parte do jogo, procedendo nesta ordem:

1) Todos sussurram sua vogal ao mesmo tempo, obedecendo à intensidade solicitada pelo orientador do jogo e ao momento de parar.
2) O orientador indica o começo do grupo da vogal "A", que canta sua canção até o fim.

3) Volta-se a repetir o passo 1.

4) Depois é a vez do grupo da vogal "E". E assim por diante.

Regras e penalidades

É preciso formar no mínimo três grupos. Cada grupo tem de ter pelo menos dois jogadores, assim, se um aluno ficar isolado, ele poderá passar para o grupo de sua segunda vogal.

Variações

1) As vogais podem ser divididas inicialmente formando-se grupos com mesmo número.

2) Em vez da primeira vogal do nome, optar por outras: primeira ou segunda vogal do sobrenome, última do sobrenome do meio etc.

APLICAÇÃO AO ENSINO

Etapa educacional: Do 1º ao 4º ano do Ensino Fundamental.

Habilidades desenvolvidas: Audição e criatividade.

Interdisciplinaridade: Música.

Comentários e sugestões: Quando houver muitos jogadores de uma mesma vogal é recomendável dividir o grupo, podendo, um deles, assumir uma vogal que não tenha ou tenha poucos representantes.

100 Voa, nada, corre

Número de jogadores: De 6 a 25.
Idade: De 6 a 12 anos.
Material: Nenhum.

Descrição

Os jogadores sentam-se onde o orientador do jogo possa vê-los. Este começará dizendo uma das palavras que dá nome ao jogo, repetida duas vezes, por exemplo:

• *Voa, voa...!*

Completando a frase com o nome de um animal (mariposa, elefante, pombo, cachorro...), ao mesmo tempo em que imita o voo com os braços abertos, como se estivesse esvoaçando.

Em seguida, os alunos têm de:

• Se o animal citado realmente voa, devem mover da mesma forma os braços e repetir *"Voa, voa!"*

• Se o animal não voa, devem ficar imóveis e não dizer nada.

O mesmo procedimento será adotado com os animais que nadam (golfinho, tubarão, polvo...), tendo-se, neste caso, que realizar o gesto de mover uma mão e o braço imitando o deslocamento do animal aquático em seu meio, dizendo *"Nada, nada!"*

No caso dos animais que correm (cavalo, gato, avestruz...), o gesto imitará o movimento de vaivém dos braços numa corrida, enquanto se diz *"Corre, corre!"*

Regras e penalidades

O jogador que comete um erro (realizar o gesto inadequado ou não ficar imóvel quando o animal não corresponde ao meio especificado) perde um ponto, subtraindo-o da pontuação de saída combinada de antemão.

Variações

Trocar os gestos a serem realizados pelos jogadores. Introduzir novos movimentos de animais repetindo outras palavras, como:

– *"Salta, salta!"* (canguru, grilo, pulga...)

– *"Rasteja, rasteja!"* (lagartixa, cobra, minhoca...)

– *"Escala, escala!"* (macaco, esquilo, gato...)

APLICAÇÃO AO ENSINO

Etapa educacional: Do 1º ao 7º ano do Ensino Fundamental.

Habilidades desenvolvidas: Atenção e imitação gestual.

Interdisciplinaridade: Conhecimentos gerais.

Comentários e sugestões: Para iniciar o jogo com crianças menores é melhor começar com apenas um grupo de animais.

101 Como é que ele é?

Número de jogadores: De 8 a 20.
Idade: De 8 a 14 anos.
Material: Nenhum.

Descrição

Os jogadores sentam-se em círculo, fileira, livremente... Um deles se afasta para um local onde não possa ver nem ouvir seus colegas. Todo o grupo escolhe o nome de um objeto e, em seguida, o aluno que se afastou é chamado de volta. Ele tentará descobrir qual é o objeto escolhido e, para isso, seguindo uma ordem, inicia uma rodada de perguntas a cada um dos participantes, utilizando sempre a frase que dá nome ao jogo: *"Como é que ele é?"* Assim, por exemplo, se o objeto for uma caneta esferográfica, quem responde poderá dizer coisas como: "se usa com a mão"; "é comprido"; "cabe no bolso"; "vem em diferentes cores"; "é vendido em papelaria"; "é de plástico duro"; "é uma invenção moderna"...

O objetivo de quem pergunta é descobrir a palavra escolhida pelo grupo, enquanto o de seus colegas é fazer com que ele demore o máximo possível para descobri-la.

Regras e penalidades

Quando o aluno que pergunta consegue atingir seu objetivo, é escolhida para assumir seu papel outra criança, que deve iniciar a rodada começando a perguntar pelo último aluno perguntado na rodada anterior. Se depois de dar uma volta inteira na roda o aluno não tem êxito, escolhe-se outro participante para que inicie um novo jogo.

As respostas devem ser verdadeiras e realmente definir o objeto.

É proibido repetir respostas.

Variações

Trocar o objeto a ser descoberto por outras coisas, limitando-se a temas concretos, por exemplo: animais, países, instrumentos musicais, materiais relacionados a uma profissão, personagens da História etc.

APLICAÇÃO AO ENSINO

Etapa educacional: Do 3º ao 9º ano do Ensino Fundamental.

Habilidades desenvolvidas: Memória de observação e capacidade de dedução.

Interdisciplinaridade: Linguagem. Temas diversos (Geografia, História, Música...), seguindo a proposta apresentada na variação.

Observações e sugestões: Pode ser praticado com menos jogadores, desde que seja dada, ao jogador que deve adivinhar o objeto, a possibilidade de realizar um mínimo de perguntas a cada um dos participantes.

Conecte-se conosco:

 facebook.com/editoravozes

 @editoravozes

 @editora_vozes

 youtube.com/editoravozes

 +55 24 2233-9033

www.vozes.com.br

Conheça nossas lojas:
www.livrariavozes.com.br

Belo Horizonte – Brasília – Campinas – Cuiabá – Curitiba
Fortaleza – Juiz de Fora – Petrópolis – Recife – São Paulo

EDITORA VOZES LTDA.
Rua Frei Luís, 100 – Centro – Cep 25689-900 – Petrópolis, RJ
Tel.: (24) 2233-9000 – E-mail: vendas@vozes.com.br